怎样开一家花店

花店经营手册

张迪 / 著

台海出版社

图书在版编目（CIP）数据

怎样开一家花店：花店经营手册 / 张迪著. -- 北京：台海出版社, 2021.10

ISBN 978-7-5168-3069-7

Ⅰ.①怎… Ⅱ.①张… Ⅲ.①花卉—专业商店—商业经营—手册 Ⅳ.①F717.5-62

中国版本图书馆CIP数据核字(2021)第139435号

怎样开一家花店：花店经营手册

著　者：张　迪

出 版 人：蔡　旭　　　　　　　　封面设计：LE.W
责任编辑：俞滟荣　　　　　　　　版式设计：杨　黎

出版发行：台海出版社
地　　址：北京市东城区景山东街20号　邮政编码：100009
电　　话：010-64041652（发行，邮购）
传　　真：010-84045799（总编室）
网　　址：www.taimeng.org.cn/thcbs/default.htm
E - mail：thcbs@126.com

经　　销：全国各地新华书店
印　　刷：天津行知印刷有限公司
本书如有破损、缺页、装订错误，请与本社联系调换

开　　本：710毫米 × 1000毫米　　　1/16
字　　数：199千字　　　　　　　　印　张：14
版　　次：2021年10月第1版　　　　印　次：2021年12月第1次印刷
书　　号：ISBN 978-7-5168-3069-7

定　　价：78.00元

序 / 言

感谢大家能够
关注此书
这本书不是教您如何装饰好自己的花店
不是教您做出漂亮的花束
而是为您解决花店里各种经营问题

我曾经经历过很多花店创业者的咨询，有一个问题很普遍。

除了节日销售，给大家举个例子，日常的花店经营，在创业初期，为了营造整个店的氛围，每次进货的成本都在 5000 元左右，销售额也会在 5000 元左右。那么这个时候很多人都会选择第二次进 4000 元的货，而销售额也会随之下降到 4000 元左右。第三次进货 3000 元，销售额 3000 元；第四次进货 2000 元，销售额 2000 元；第五次进货 1000 元，销售额 2000 元左右。所以这时候很多创业者都会选择每次进货的成本在 1000 元左右。当然这个是举例，数字只是为了方便大家理解，实际情况也许会好些，也许会更糟糕。那么在这些数字中您发现了什么呢？对于一个经常买花的人来说，鲜花的最佳效果一般保持不会超过七天（特殊花材除外），那也就是说买过花的顾客，第一次购买后，基本第二星期还会购买，当然对于生日花束和一些其他订单，我们可以另外计算。如果说第一次有 5000 元的销售额，而第五次只有 2000 元销售额，那么另外的 3000 元销售额跑到哪里去了呢？

我来告诉大家其中的一些隐含因素，当你第一天开花店的时候，很多人都会来关注并购买鲜花，也就是说这天的购买是大家对你的第一次认可；当大家第二次来的时候发现花量有点少了，没有太多的变化；而第三次来的时候，你的花量明显变少，与其他花店没有什么不同，此后很多顾客就会就近去其他地方购买鲜花，而不会专门到你这一家花店来了。在你相关的学习过程中，基本上花艺学校教你的都是花艺技术，很多网络教学也只是教花艺技术。技术上也许你做得很好了，但是与其他花店没有本质的区别，并且在经验上你基本就是小白，例如，销售经验、管理经验、鲜花保鲜经验、产品配送服务经验……这些都会影响顾客对你的印象，大家一旦对你失去了兴趣是不会跑来告诉你的，而是选择直接放弃。因为没有人直接提醒你，所以你就容易产生一种误会，总觉得大家还是喜欢你的。事实上，销售数据和老顾客比例都会明确地告诉你，你的花店受欢迎程度是怎样的。

花店不是光靠美丽的装饰就可以吸引顾客的，也不是光靠漂亮的鲜花就能吸引人的，很多细节的工作才是应该关注的重点。我将会在这本书里与您一起分享经营花店的各种经验，让您不再是菜鸟。

张迪

2021 年 10 月

Table Of Contents

打造花店好产品设计的技巧

增加客流量的营销心理学

为花店免费引流的营销方法

11 提升品牌效益的线上营销

12 增加经济效益的线下营销

13 花店的工作计划与执行安排

14 花店如何解决资金缺口问题

1 / 开花店的
入门攻略

开花店必须知道的事

如今，随着大家物质生活越来越好，更多的人开始追求起精神生活。在很多女人心中，都想自己有一家花店，可以喝着咖啡，吃着精致的西点，读一本优美的散文，听着动听的音乐，让自己的心在芬芳中彻底放松。于是很多人都急于去学习花艺技术，并想着开一家自己喜欢的花店，在她们的心目中赚钱多少并不重要，自己开心就好。对很多事情要求也不高，应该可以很容易实现，而事实是这个样子的吗？

从事花艺行业的人很多，但坚持下来，并且依然为自己的理想而奋斗的人却寥寥无几。是前辈们不努力，还是不够聪明？我要说这些都不是。当你开一家花店，虽然它很小，但它需要具备所有行业的开店需求，因此我常说："开一家花店很容易，经营好一家花店却很难。"

那么我想问问打算开花店的朋友：

你的资金是否充足?

所需资金包括房租、装修、装饰、备货、材料损耗、人员工资、广告推广、项目垫资等。

你的技术经验是否完善?

花店涉及的经营项目有花艺技术、应对各种节日及淡旺季的备货、销售、管理、服务、客户维护、团队维护与扩建等。

你的团队是否打造好?

你要有一个自己的核心团队，包括管理、销售、公关、业务、财务、网络、技术等。

你的品牌核心竞争力是什么?

要知道，你学习的花艺技术很多人也掌握了，你会的别人也会，你有的别人也有，那么你最大的特色是什么呢？

你的客户群体是什么?

任何人都可以是你的客户，但你的潜在客户与目标客户会是你前期的最主要的客户群体，对于他们应该如何开展并获取相对应的业务呢？

当然这只是一些简单的基础问题，如果这些你都没有认真考虑好，建议你认真读一读这本书，我将会把 20 多年花店从业的经验和知识与你分享。

开花店你要具备哪些技能

1 企业策划技能

有人说我就开一家小花店，哪里需要什么企业策划。20 年前也许真的不需要这个技能，因为当时全国花店数量并不是很多，市场还远没有饱和。但在当今智能通信时代，不算你家门口，可能你所在的小区里就有两家网络花店或者网络花艺工作室，如果你不能策划好你的花店，那么就是在拿你的投资去赌博，成功率可能只有 50%。所以我建议不用那么麻烦，直接放弃就好了，还不耽误时间。以上这句纯属个人建议的小笑话，如有雷同，不胜荣幸。

2 经营管理技能

也许你是女强人，也许你曾经在单位里超强度工作过，但如果你自己创业，绝对不是你一个人能搞定的事情。一家花店虽然小，也需要员工与团队的配合才可以做好。你也许会说，自己的店很小，用不了两个人，我可以很郑重地告诉你，哪怕你只有一个员工，你也要和你的员工一起认真执行自己的管理守则和经营方法。长城不是一天建立起来的，你的花店如果不是用来养老的，那从一开始就必须管理好自己的团队，否则以后你会在无数次销售与生产中遭遇失败。

要开一家花店，很多人第一反应就是学习花艺技术，其实作为一名花店经营者，技术绝对不是你的第一重要元素，因为产品再好，你卖不出去，也是白搭。而且鲜花产品属于时效性产品，在保鲜期内如何才能销售出去很关键，如果将花店里存放了七天的鲜花销售给你的顾客，你觉得顾客以后还会购买你的鲜花吗？这种鲜花能在顾客家里摆放几天呢？你花店里的员工如何才能听你的命令并且认真执行呢？

不要以为美美的花店就会吸引人，鲜花不是日常生活的刚需消费品，所以大家逛花店和去花店买花的频率是比较低的，那么你就要具备以下的技能让自己的花店能够运营得更好，当然如果你一个人学不完这些技能，可以让你的员工或合伙人一起学习。

3 市场分析技能

很多时候我们做出一捧漂亮的花束，就会觉得这一定会很好卖，当有顾客进门的时候你会主动推荐，把它销售出去。但现在很多时候，销售都是在互联网上进行的，你觉得好看的产品，其实并不一定好卖，或者并不一定适合你的店。如果你不会市场分析与总结判断，那么你的产品很容易出现两个结果：一是没有生意空浪费了时间与材料；二是订单暴多，让自己无法批量生产及配送。你觉得是不是应该提前做好市场分析呢？

4 花店经验技能

你去学习花艺的时候，很多时候老师都在教你包装出漂亮的花束，但很少全面地给你讲解花店的常用基础知识，比如花材的分类养护、花材习性变化、花店日常管理、花店工作流程等。或许你可以在这本书中得到很多的灵感与技能，这也不枉我挑灯夜战奋笔疾书了。

花艺技术往往是一家花店的核心要素，但我认为，技术的学习不是要一味地自己学习，而是要学会带动你的团队和你一起学习，并且可以把自己学习到的综合技术，分类教给自己的团队，便于团队可以和你一起成长。温馨提示：不要让一个人掌握全部技术，否则这个人就会是你花店里的定时炸弹，炸别人你可以赚钱，炸自己就会让自己处于被动。

5 摄影摄像技能

好的作品往往因为时间或其他的原因，没有能让你的顾客第一时间发现它，那么你需要通过摄影摄像将其记录下来用于推广宣传。拍摄很关键，具体事项我想我就不多做解释了，就和美女自拍修图效果同理。

6 营销推广技能

说到这里，有人说，这些不是可以请人来完成吗？我想说的是请人来帮你做之前，你至少要知道怎么做、如何做才可以少花钱。不然以现在各个推广公司的业务能力，你有 1000 万元都不够做推广的。学好营销方法和推广技能，可以让你的花店用最少的资金，以最快的时间，带来最大的收益。

7 金融财务技能

这个技能可以分成两个部分，一个是金融技能，一个是财务技能，想做花店老板而不是会计或金融大亨。学习金融知识是方便我们能从第三方盈利，减少花店正向盈利的压力；学习财务技能，避免使用流水账去管理自己的店铺，让自己有一个漂亮的财务报表，为以后融资或收购时做准备。在庞大的资本市场中，传统的实体店都有可能面临各种洗盘，你的花店也要做好提前规划。

以上七个技能就是大家开花店前需要具备的基础技能，仅限老板掌握。

开花店前你的团队如何打造

打造一个自己的团队，很多时候我们都是通过朋友介绍、招聘、挖角，以及猎头公司来获取人才。但对于核心团队来说，前期关键的管理者与开拓者是需要靠老板本身的人脉资源去获取的。

在很多人心里，合伙做生意或给员工股份都是不容易被接受的，因为失败的案例太多，不是半路分道扬镳，就是员工中途离职。但如果你仔细观察，就会发现实际成功比比皆是。但开花店绝对不是你一个人就可以做好的，那么你的团队或合伙人如何建立呢？

寻找合伙人的时候建议大家尽可能地利用互联网平台，多发微博、微信、朋友圈等，这样在找的时候往往比朋友介绍更容易获得机会。有人说会不会因此而上当受骗？你只要不把钱给出去，就不会有问题。作为合伙人，大家可以分别投资不同的环节，也可以找律师来做公共资源的监控监管。有人会说那我直接开店、直接雇用员工不就可以了吗？当然可以，前提是你有足够的资金和资源。当今社会开个店真不难，难的是开店后谁能保证你生意兴隆。多一个合伙人就多一份资金和资源，当然前提是要大家沟通好，并落实于协议，以避免多人合伙的矛盾问题。但如果性格不合适，前期就不要谈合作了。

如果你不想找合伙人，而是自己开店，那么你不要指望从招聘员工中获得人才，因为那种概率非常小。我建议你先找一些兼职人员，比如公关、业务、摄影、摄像、文案、图文编辑、推广、财务、配送、花艺师等。这些人前期最好都与其签订一些兼职协议，或找好合作平台，这样在开展花店初期的业务时，就可以由这些人协助你完成。这些人从哪里找呢？比如猪八戒网就可以找到很多文案和编辑人员，淘宝网也可以找到，新浪微博中有很多当地高手，你也可以和他们合作。

最后，你只要招聘一些员工协助你完成一些日常工作即可，同时对这些员工最好也要进行工作分解，进行流程化工作，这样以后方便管理。

你需要具备开一家花店

1 多沟通

当遇见合适的人时，要多多沟通，沟通理想、沟通观点、沟通经营方法、沟通发展规划、沟通产品认知，当一切都达成共识后，团队的认同感也就建立起来了。有人会问，这样的团队具备了什么呢？首先，如果是合伙人就会给你带来资金与关系资源的帮助，骨干人员给你带来经验与技术上的支持，这些都可以降低自己的投资风险。沟通时，我们随意的聊天是为了增进感情，有目的性的提问是考虑彼此是否合适。任何人都有自己的优势，你需要通过沟通的方式来筛选适合自己的人，不要急于决定，多沟通往往每次都会有收获。

2 敢授权

很多失败的合伙人团队，主要是因为职责不明确，权力不独立，如果前期就划分好职责与权力，那么大家做好自己分内的事情就可以让这家花店得到良好的发展。合伙人也好，员工也好，如果没有相对应的权利，那么大家就会懈怠自己的工作职责，乃至产生矛盾。只要敢于授权，那么大家在理想目标一致的情况下，自然会一起奋斗。如果只是对对方说"这个事情就拜托你来搞定了"，你没有得到对方的确认，没有询问对方是否明白你的意思，没有询问执行的大概流程，没有询问是否需要支援，那么你觉得一个人是否能给你搞定你想要的结果呢？估计很难，因为你们初期都很难做到心意相通。所以在下达命令授予相关权益的时候，要多问一问，让彼此都能明白各自需要如何做，权利得到清晰的认知，从而避免出现问题。

3 勤鼓励

在团队打造过程中，很多人会因为种种原因而产生分歧与矛盾等负面情绪，作为老板此时就要勤于跟自己的团队多交流分解，多多鼓励与支持，往往老板的一句话就会让团队激情澎湃。

老板只要做好以上三点，就可以在沟通中发现合适的人，在授权的情况下减少自己的琐碎工作压力，多鼓励，让团队自己运行。

温馨提示

团队管理中不要只单独采取制度化管理或仁爱化管理，而是两者都要使用，在法律的基础上加上仁政，这样才适合花店的前期管理。

开一家赚钱花店的核心竞争力

什么才是一家花店的核心竞争力呢？

技术？品牌？经验？团队？还是……很久以前当一位天使投资人这样问我的时候我很迷茫，虽然当时我有足够的经验和技术甚至还有很广的人脉，但是这些别的花店也有。那么自己开一家花店最大的核心竞争力是什么呢？一直到后来学习了相关运营管理和商业模式后，我才明白一家花店真正的核心往往不是产品本身，而是……

其实要说竞争力不如先说说你开花店的目的。你是想开一家花店赚钱，还是想开一家花店度日养老？

如果你想开一家花店赚钱，那么我觉得你最大的核心竞争力就是你的经营模式，只有在你的经营模式上有创新才可以轻易地去复制你的花店，做到连锁店分布。

如果你想开一家花店度日养老，那么你最大的竞争力就是技术与服务，花艺技术到最后的提高就是各种手工的运用，花时间精心去创作每一项花艺。但是这样的经营模式无法批量复制，完善的服务能让你的店有良好的口碑，可以做到局部的产业垄断，那么一家百年老店也是很容易建立的。

经营模式是当下最关键的盈利方式，如果你的模式不对，你即使赚到钱也是非常辛苦的苦力钱；如果你的模式是对的，那么，你的团队和你本人都可以很轻松地赚到钱。

当然你想开店养老，以一家店为核心，那么你只要有高超的技术、热心的服务，就可以打造出一批信赖你、肯定你的铁杆粉丝。但由于你的技术太高不适合批量复制，所以你服务的人群就很有限，也就很难做大。

我相信很多人会选择赚钱的，以经营模式为核心竞争力的花店。

经 营 模 式 分 两 大 类

正向盈利模式

以产品为中心追求利润最大化。

设计好一种花艺产品，把它通过宣传推广卖给更多的人就是最好的方法，通过产品本身把利润值做到最大。

逆向盈利模式

以模式为中心追求现金流最大化。

锁定客户，把自己的产品通过简单的设计改变，销售给他们很多次就是最好的方法。通过一个产品获取大量客户数据，然后再通过其他相关产品或其他方式获取利润，在这一过程中保持现金流的流动和充足。

你选择哪种模式来盈利呢？"创业"是一个很好听的名词，通俗地说就是做买卖，买你产品的人是客户，而卖产品以前讲是销售，后来变成平台，现在变成渠道。在选择经营模式的时候要注意这是一个大的分类，细节特色与产品服务这些都是为了实现你盈利模式的细节而已。当然以上只是一些简单的基础问题，如果这些你都没有认真考虑好，建议你认真读一读这本书。

花店的常规团队结构

当我们开一家花店的时候，要把花店的相关人才结构给建立起来，建立人才结构要按照发展规模来定，不要怕大，要做全，这样在实际用人的时候可以合并一些工作，同时也需时刻提醒自己，还需要哪些人才。招聘人来是要开工资的，招聘人才是用来帮我们赚钱的，没有任何一个公司会觉得自己的人才多了，往往都是觉得人多了。21世纪什么才是最重要的呢？——是"人才"，那么你的花店需要具备哪些人才呢？

领导者——老板本人

必须具备领导的所有功能。

管理者——店长

小店店长可以找兼职，大店高薪聘请。店长的好坏，往往直接关系到店铺的经营与发展。

设计者——花艺师

花艺师需要设计出最符合店铺与市场需求的产品设计。

销售者——店内销售人员、店外业务人员、公关企业订单人员、线上洽谈接单人员。

推广者——线上平台优化推广，线下活动地推。

生产者——普通员工

从事花艺师设计出的产品批量生产，培养员工生产标准花艺商品，让你的店不会被技术人员绑架。

协作者——摄影、摄像、财务、人事、后勤、采购、策划、文案、编辑

在互联网或你的生活周边找兼职人员就可以，当然有自己的团队人员更好。

合作者

——供应商

供应渠道多了才可以有效控制成本。

——合作商

也可以叫作渠道商，渠道越多，你就会有越多的客户。

——媒体，互联网平台

这些是宣传口。

有了这些合作者，你的花店才可以区别于传统花店而得到更大的发展空间。

花店选址评估方式

对于想开花店的人来说，选址是尤为重要的一件事，所谓天时地利人和，选址就是地理上的优势。那么如何才能做好选址呢？

首先，要根据花店的经营形式进行定位，以便增加客户选择的机会。其次，要对客户群体定位，不是任何一个位置都适合开精品花店的，客户群体的精准定位，可以让你在选择的时候明确位置的选择。最后，产品风格与花店风格需要定位，对应产品销售给对应人群，对应的风格也需首先吸引这种风格的顾客群体。这些都定位好后，当你选择合适的位置开店铺时，我们一般推荐"金角银边宽横面"的建议。

"金角"指的是店铺在一条街的街角位置最佳，因为可以有270度角的视野，方便顾客寻找；而"银边"指在临街的店铺会相对较好。

"横宽面"指在店铺临街的横向面积要大于纵向面积为最佳，这样的店铺展示空间会非常大。

为了让大家选择店铺时减少错误，我给大家提供一个店址选择的评估打分标准。

以下12项评估成绩100分为满分

70分以上 / 店铺是最合适

40～70分 / 店铺需要有独特的经营模式

40分以下 / 建议不作考虑

租 金 日 营 比　这项分值为**25分**，根据租金和营业额的比例进行评估，1：5为标准基线。

一般情况下，花店每天的销售额建议设定在1000元～2000元之间，那么按照5天销售额的总和计算，租金应该是5天销售额的总和比较合适。

当租金是你预计销售额6天的时候打分**18分**，7天**15分**，8天**12分**，9天**10分**，10天以上最多只能得到**8分**。

商 业 圈　花店周边有大超市或商场等密集型商业场所的时候得分为**12分**。

副 商 业 圈　花店周边主要是社区店铺或中小商铺组合的街道时得分为**8分**。

店 铺 位 置　你选择的店铺如果在街角或大型购物中心的门口处得分为**6分**。

店 铺 面 积　店铺面积是否符合你开花店的实际需求，根据自己的需求打分最多**6分**。

店 铺 角 宽　店的正面是否有夹角位置，夹角面积小于45度不打分，45度以上度数越高分值越高，大于90度角得**6分**。

店铺正面宽度　店铺的正面宽度越大得分越高，橱窗面积大为最佳，打分**6分**。

门 前 路 宽　门前双车道为最佳，小于或大于这个车道数酌情减分，最高分**5分**。

人 流 量　平常日门前人流量15000人为标准，节假日20000人为标准，打分为**10分**。

四 面 视 野 标 准　站在自己店铺门口，四周视野的遮挡物有多少，能清楚地看见100米以外视野遮挡物越少越好，打分为**6分**。

车 位　门口是否有充足停车位，最低要求为2个独立停车位，打分**5分**。

通 行 方 向　你的花店是开在上班路上的街边还是下班路上的街边呢？下班路上的店铺打分**5分**，反之**0分**。

通过这12项打分的总和，就可以轻松地评判出自己的店铺是否是最佳店铺了。

07 / 01

花店业务范围有哪些

一家花店的业务都有哪些呢？有多大市场可以让你发展呢？开花店不光可以卖花束和散花，当然如果你只做独立花束店也可以，把自己的一项业务纵向发展全面也可以单独经营，但很多花店在经营的时候会有以下的业务可以发展。

1 日常花束花篮

这个业务可以说是花店最常见业务，生日、爱情、乔迁、商务等各个领域都可以涉及。

2 酒店商场业务

酒店里的用花量是非常大的，厨房、客房、大堂等基础用花业务都可以开展，当然还有很多酒店的客户用花业务也可以开展。而商场里现在除了鲜花的日常业务外，橱窗设计也是一个很重要的业务范围。

3 婚礼宴会服务

当今 10 家花店中有 9 家涉及这个业务，是对婚礼、生日、活动晚宴等相关宴会的布置。

4 教学培训

利用自己的花店形象，针对顾客和其他人群开展培训教学业务，可以很好地培养自己的客户群体。

5 祭奠业务

只要你对这种业务不抵触，利润空间最大的业务之一就是它了，灵堂布置、墓地布置等是这项业务的主要范围。

6 周期送花

这项业务分两种：一种是民用型，一种是商用型。这种业务主要是为了有效锁定顾客，同时也可通过其他方式获得盈利，但本身从产品上盈利并不可取。

7 净花业务

单纯的鲜花出售，可以像卖菜一样去卖花，通过独立销售和合作销售，都有很大的市场可以发掘，这块业务的发展空间全靠营销手段。

8 绿植业务

绿植产品销售、绿植产品租赁、绿植造景布置，小型绿化都可以给花店带来很大的收益。

9 永生花

时尚的永生花产品，因为其他产品自身的属性加上前几年的推广，让这个产品已经拥有了很大的发展空间。不过由于产品成本较高，对于没有足够实力的花店来说就是鸡肋了。

10 仿真花和干花

这类花材主要是制作各种艺术产品及装饰品，在合作销售的形式中还有很大的商业空间可以发展。

11 押花手工

这是一种平面的花艺技术，通过教学，生产花店周边产品来增加花店的附加产品价值，是一种适合花店手工艺技术型的业务。

12 家居家庭用花

生活中的花卉使用是一种常态的形式，这种业务主要靠的是产品新鲜，销售模式更新，以及合作形式的展开，这样才会有一定的发展空间，后继的市场很大。

13 礼盒花艺

不要指望一种单纯的鲜花礼盒有多大市场，而"礼品 + 花礼"盒的组合才会有最大的市场价值。

14 庆典会议

属于庆典礼仪与公关活动最常用的一种花店业务，这个业务需要丰富的花艺技巧才可以赚到钱，否则单纯产品制作是很难有大的利润空间的。

15 周边衍生品

花店里不单是有鲜花出售，很多时候礼品包装业务、家庭饰品业务、水果，以及礼品篮等业务都是花店周边的衍生业务，这种业务是一种很好的复合型业务，可以让你的花店更具备吸引力。

以上 15 种业务，既可以单独经营，也可以综合经营。只要你掌握了好的营销方式及其技术，就可以让花店收益火爆起来。

花店的硬件配置

我给大家讲述的硬件配置主要指的是在花店经营中非商品型的物件配置，此硬件非彼硬件。

那么这些硬件都有些什么呢？

拴宠桩——（配上宠物锁）如果你是小区里的花店，这个还有些用途，临街花店就是个噱头。

门垫——下雨、下雪时必备品，印上自己的 LOGO，会达到一种很好的广告效果。

提示牌——可以放在门口画架上或自己 DIY 的架子上，也可以把它挂在门上，东西虽很普通但相当有特色，能够吸引顾客，不过要谨防小偷，毕竟人多手杂。

玻璃刷和玻璃水——不要指望普通的服务员擦玻璃有多干净，工具齐备，一喷一擦就好的东西，让你的橱窗永远干净透明。

一次性眼镜布片——温差过大的时候，这是戴眼镜的顾客进门后的必需品（也可以准备纸抽）。

卫生清洁套装——扫扫地，擦擦展示橱柜，卫生是任何实体经营者都要严格把关的。

收银机——最好是带联网功能和会员管理功能的，这样方便店内管理。

POS 机——不论大小都要准备着，不给吝啬的男士借口没零钱而不买（现在还可以支持支付宝或微信转账，嘿嘿，哥们进门就花钱吧）。

电脑——购买一体机比较合适，不占地方，主要用于存储资料与网络订单管理等业务。

打印机——便于订单打印和资料打印。

微信打印机——它虽然不算最前端的时尚产品，但至少目前对于花店来说是最实用的产品。为什么？用过了就知道了。

电视——最好能和电脑有连接，功能自然是店内播放产品或广告片，谈单的时候也可以做项目展示用。温馨提示：在店内也可以用平板电脑，但再用相册就太老土了。

条幅打印机——虽然有点土，但没办法，能在开业花篮等飘带上写字的人越来越少了，有这个比较方便（这个可以和打印机做成一体的，既能打印条幅，也可以打印卡片内容）。

工作服——有些奢侈品花店给员工准备 3000 多元的工服，很高端，让人很羡慕。一般花店估计不会准备，但千万别做那种杀猪围裙，形象很重要，好的形象会给你的产品增加很大的附加值。

饮水机——其实这个大家都会准备，我只是提醒一下，水杯在店里是很讲究的，就算没条件也尽量别用太次的一次性纸杯，浪费得没有任何意义。最好在饮水机旁边准备好咖啡、饮料和各种花茶，花店的小情调，其实就是从一杯有意思的水开始的。

保鲜柜——如果有条件尽量做冷库，保鲜柜也尽量选择双开门的，但现在最流行的是做成保鲜花房，这样既能放花又可以展示。但在制作保鲜花房的时候要注意增加湿度，并且注意通风消毒。

医药箱——千万别说花店不会有人身伤害，我曾专门统计过花店经营中的伤亡情况，死的就不说了，造成孩子流产、重伤的也不提，就说常见的伤，剪刀剪到手是基本做过花店的人都出过的问题，对于划伤、烫伤，以及夏天防中暑药品，这些都是必不可少的急救药品。

卫生纸与纸抽——男性员工基本都没有身上带纸巾的习惯，可以准备一些。

红糖饮品——长期在冷水中洗花瓶的女性员工，每个月总有几天会很不舒服，备上没坏处。老板要从细节方面体贴员工，每个月花不了多少钱。另外也可以算给老板娘准备的，这样很容易让你的员工感到温馨。

音乐播放器——花店里要是没有背景音乐，那一定不够完美，至于音乐怎么选择，民间高手有很多高招，我就不献丑了。

计算器——这个要准备个大的，别指望现在的服务员会正确地数学运算，100 以内的加减法还凑合，100 以上的多数会算错，花店老板都懂得的。

验钞机——没有收过假币的花店基本很少，验钞机总比假币便宜，你说呢？

鲜花货架——台阶型的货架很多人不喜欢，但你要有集中摆放鲜花的货架，目的是能形成一个独立的氛围区，增加湿度，避免不必要的损耗。

商品柜台——无论你做成什么样子的柜台，建议下面都有储藏空间，毕竟花店的空间比较小，有个空间存放，可以减少库房压力。

花艺工作台——这个特别重要，因为很多花店工作台光注重实用性和美观性了，往往忽略了健康。工作台要求高度在花艺师肚脐处为宜，为什么呢？这样能减少脊椎弯曲的压力，否则时间久了，会出现腰椎间盘突出或脊椎酸痛、颈椎酸痛等症状。

垃圾桶——不要小看这个垃圾桶，你要准备好，因为花店里的垃圾是由你生意的好坏决定的，生意越好，垃圾越多。你觉得你的生意是好还是坏呢？

休息桌椅——如果你的花店足够大，就买一些舒适的桌椅，方便顾客休息；如果你的店很小，尽量不要选择靠背桌椅，因为太占空间，而且也容易让顾客久坐影响生意。

包装架——存放包装纸或分层摆放或横挂摆放比较合适，彩带架子建议用一些小物件单独分开，避免彩带之间互相缠绕。包装架里最好设计有放饰品的位置，而花店里的商品，在饰品的装饰下会更精美更好看。

花店小摆件——如名片架、二维码牌、温馨提示标、价签等物品，建议要么自己DIY，要么就去找一些有特色的来摆放，让人眼前一亮的细节，才是完美的体现。

以上这些硬件，从使用上、服务上、广告上、商品附加值上都有明确的说明，希望你的花店能有更漂亮的形象展示。

花店的软件配置

对于一家花店而言，不光要装饰漂亮，还需要很多配套的规划与制度。

第一　需要对自己花店的整体布局有个布局规划图。

第二　需要对花店的顾客路线进行规划，确保店内的商品都可以让顾客看见。

第三　宣传印刷品要准备好，如名片、店卡、宣传单、品牌册、价格牌、商品说明卡、鲜花保养卡、绿植养护卡等。

第四　做好花店收银系统的体系规划，确保顾客方便地使用各种支付方式消费，同时也要对消费记录做好财务登记。

第五　配置花店会员管理系统，无论你是购买现成的还是自己开发会员管理系统，都要将店铺所有会员做好整理与规划，毕竟现在很流行各种会员卡的销售模式。

第六　制定花店的销售服务制度及流程。通过培训让你的销售员拥有专业性的销售能力。

第七 确定花店产品设计流程及生产流程。谁是花店的设计者，谁是花店的生产者，在设计与生产的过程中要按照规定的制度流程操作，减少花店不必要的材料浪费。

第八 确定花店的日常管理流程。花店每天要做的事情有哪些，帮助员工做好规划，帮自己做好业务目标，及相应的奖罚措施。

第九 拟定花店的入职培训规划。不要指望一次能招到合适的人才，不要指望花艺师能明白你的想法与思路，培训可以让你的团队更适合你的发展需求，直接使用人才将会让你在与人员沟通中产生分歧，不利于你的管理。

第十 确定花店产品的定价标准。很多花店在定价的时候都是按照原材料成本的 3～5 倍来作为定价，这种方法比较简单，但容易让你忽略很多细节，同时也会让你在销售的时候比较容易接受顾客的砍价。

定价标准 = 鲜花材料成本 + 人工成本 + 店铺房租成本 + 折扣返点成本 *2

当然这个定价仅供参考，实际定价也要考虑产品的附加值与顾客定位，以及周边竞争对手的实际情况再做综合考虑定价。

第十一 确定花店的采购流程。对于一家花店在哪里采购、采购多少、采购频率、采购过程中的注意事项，等等，都需要认真对待，不能单从原产地去采购，也不可能天天去采购，所以建议根据你的花店根据实际定位来制定自己的采购流程。

第十二 确定花店的配送流程。一束鲜花如何配送，配送的配件有哪些，配送过程中的服务，配送过程中的应急预案，这些都要提前规划好。

以上这 12 项花店软件制度流程，你在开花店前是否都准备好了呢？假如对于这些东西你都还没有准备或不知道如何准备，可以通过我们的线下学习，或找经验丰富的花店店长帮你一一完成，这样你的花店就可以减少很多不必要的损失了。

花店常用工具有哪些

经营一家花店，你在日常插花的工作中都需要哪些工具呢？下面就给大家罗列出一个专业花店花艺师的配套工具。

插花工具 花店常备

剪刀——常用的有省力剪刀、枝条剪刀、彩带剪刀、花边剪刀。

刀——常用的有花泥刀、裁纸刀、插花刀、水仙雕刻刀。

老虎钳——插仿真花和做鲜花架构必备，在准备的时候，最好要准备好三个型号（大、中、小），方便操作的时候顺手。

断线钳——不要用不专业的工具在那里较劲，粗一点的铁丝用这个一下子搞定，断线钳有铁丝专用的、钢丝专用的，建议都备齐，当然选择的时候尽量选省力的钳子。

尖嘴钳——这个一般有两个型号，最好都准备上，如果你学了架构，就会明白这种钳子相当好用。

打刺机——这个是电动的，如果你的店里有足够的位置就准备一台，没别的，就因为它打玫瑰刺很快，一般去刺去叶用它特别方便，而且还有高大上的效果，一般小花店是绝对没有的。

打刺钳 ——以前都是用一种类似钳子的夹子打刺，现在都使用胶垫打刺，这样可以减少对茎秆表皮的伤害。

订书机 ——这个最好也准备两款，但订书钉最好都是一个型号的，一个长的，一个短的，包花束很需要，有的时候就差那一下，长长的就好用。

打孔机 ——其实常用的就一种，最好选择单孔打孔机（好用）。当然如果你是个爱做手工和做细节包装的花艺师，那么你掏钱吧，各种图形、各种尺寸的打孔机都有，并不是很贵。

铁丝 ——这个就麻烦了，常见的是各种型号的绿铁丝，还有不同颜色的铁丝，一般是纸卷的铁丝，也有镀漆的铁丝，镀漆的铁丝最好用。花店的铁丝一般是从 16 号到 26 号，建议配齐。

铜丝 ——这个也会有几个型号，具体的就看店里的经营项目和花艺师的习惯来选择了，但至少要准备一种。

金属丝网 ——这个有粗细，有很多种不同，花店一般准备细的就可以了。至于其他型号，很多时候接到一些订单或设计的时候随用随买就可以了。

手锯 ——这个一般放在工具箱里，出门做工程活的时候带上，最好是折叠的，比较方便。买好一点的，太次的在使用的时候对于初学者来说很容易夹锯。

弓锯 ——做店内橱窗、架构、仿真花的时候会常用到，加工一些精细的作品和很多木制品时都需要用它来切割。

喷壶 ——很多花店里都会准备一种，我建议准备三种：一种是随身携带的，放在腰带上的喷壶；一种是店内用的中大号的喷壶；还有一种是送给顾客的免费喷壶。

剑山——中国传统插花工具之一，现在的中国花店里应该具备的道具，插个造型插花，提高一下店内氛围，出租、出售都可以。

尺子——常用的有卷尺、测距尺、绘图尺、直尺、三角尺、图形尺。

胶带机——店内一般最好多准备几个。一个固定在收银台；一个固定在工作台；另外一个根据店内大小和店内人员的工作习惯设置对应位置。

胶带——有胶带机就要有胶带，另外还需要准备宽胶带、双面胶、海绵双面胶。

胶——根据花艺师工作的需要可以酌情准备，热熔胶、鲜花冷胶、喷胶、502胶、永生花AB胶、玻璃胶、塑溶胶、白乳胶、UV胶、发泡胶、云石胶、水草胶。

马钉枪——纯靠压力订的订枪，婚礼中多用于订地毯，但插花里也会用来订些造型。

气钉枪——需要气泵压力使用的钉枪，如果做木质架构，这个就是必不可少的工具，非专业花艺师就不用准备了。

手刹轮——电动切割金属、木材的工具（女性工作者和文弱者慎用）。

砂纸——只要玩到花艺精品，这个小东西就要有，各种型号都备上，花费不多，但很有用。

电钻——花店是匠人们的世界，电钻也是常用的，而且也有很多型号，包括常规型号和迷你型号。

扎带——各种型号都要有，方便快捷的一种固定方式。

螺丝刀——十字的和一字的都要准备，对应的螺丝也备一些，在固定架构时使用。

电焊机 ——如果你的店从事设计类型的产品，那么很多架子与道具都需要花艺师来进行电焊，当然会玩气焊的也可以，但普通花艺师基本不用。

烤箱 ——这是爱做手工花艺或干花花艺的花店必备用品之一，家用的烤箱就可以了。

镊子 ——花店里一般用长镊子，主要是对百合去花粉使用，也是一种绿植景观的操作工具之一。

铲子 ——军工铲和微景观铲都是制作绿植产品时要用的，配套的其他小工具就不一一介绍了。

试管 ——专业花艺师在制作花艺作品时的鲜花保鲜器材之一。

试管壶 ——主要给试管进行加水或给微景观等小盆栽浇水使用。

环保铁丝 ——现在流行的一种固定花束的铁丝，也是做花艺的固定材料之一。

喷漆 ——各种自喷漆，主要给道具容器使用；鲜花自喷漆主要是给鲜花改变颜色使用。

鲜花保鲜药剂 ——给鲜花保鲜使用，这种保鲜药剂国内主要有三个品牌：花之生命、可利鲜和花之寿。我建议顺便再准备些鲜花锁水剂，便于外出做花艺的时候，给鲜花保鲜。

　　以上这些都是专业花艺师的常用工具，如果你开的是普通花店可以不用全部准备。以上工具仅供参考，这里提及的工具也不是全部，花店的消耗品可以根据自己的目标客户订单来准备，比如胸针、手腕链、卡片、条幅等。

2/ 增加客户订单的营销细节

开花店是独资好还是合伙好

首先，开一家花店的投资需要几万元到几百上千万元，区别在于花店的档次与大小，但就顾客购买习惯来说，大家喜欢去大花店买花还是小花店买花呢？当整条街就你一家花店的时候，大家都是就近选择。但一条街上有很多花店的时候，店铺的大小就会影响顾客的购买欲望。如果多人合伙投资，就可以让自己的店铺更大一些。

其次，你个人有多少人脉有助于开花店呢？一个人假如认识 100 个人，那么找 9 个合伙人是不是可以增加 900 个人脉关系呢？当然不是，人脉上有很多帮助，你的宣传、销售都会因为有更多的合伙人而增加。

最后，合伙开花店，就可以通过每一个合伙人的能力来划分大家各自擅长的领域，有人可以做业务，有人可以做网络，有人可以做技术，有人可以做销售，等等。即便一个人什么能力都没有，至少会给这个整体增加资本与人脉的运用。也许有人会说，合伙做事情，容易发生争执。其实如果大家在做事之前，把所有的职责都明确好，大家只要履行自己那一份职责，就可以减少这样的争执。

有人也会说，这样太理想化了，一定会有人偷懒，有人半路退出。其实这些都没关系，假如每个人都投资10万元，10个人就是100万元，即便很多人偷懒，那么你就可以掌握100万元的资金及权力支配。

还有人会说，总有人会中途下车，那么大家就提前制定好规则，半路下车的人在很多人都在学习如何开好一家花店，那花店到底是一个人投资还是合伙投资比较好呢？在这个问题出现之前，很多人都是独资经营一家花店，毕竟对于很多人来说，投资一家花店，投资不大，收益可以全归自己。假如合伙经营，很多人都认为中国人合伙经营经常会出现问题。但独资开花店真的好吗？

盈利的状态下没有分红权；亏损的状态下，需要承担部分亏损，这样不就可以让这个团体的风险降到最低了吗？

如何找到合适的合伙人呢？

1. 首先观察对方的兴趣爱好，爱好这个行业的一定会和你走得很近，爱好业务的会帮你发展渠道，爱好游戏娱乐的那就直接投资不参与运营就好。

2. 与对方多交流，听听对方的想法和规划，做到思想目标一致最佳。

3. 关注对方的朋友圈，看对方的生活经历是一个什么样的人。

4. 邀请众多朋友一起聚会，看看对方是否具备社交能力。

5. 确认合伙人后，先确定入股方式、资金、技术、人脉。

6. 确认股份分配。

7. 确认产生分歧后的处理方法及退出方案。

这样你就可以找到一群志同道合的合伙人，你们可以通过各自的圈子与能力，共同把一个花店经营好，毕竟一群人比一个人更有优势。

开花店前的市场调查

要想开好一家花店首先你要做好市场调查，这样可以让你在投资的时候更有把握。

而做好市场调查之前，你还要先做好市场分析，也就是我们常说的 SWOT。

S 优势是什么？

你本身的优势、你开花店的优势有什么？这个很重要！你最大的特色，如果找不出来，那么就很难让别人在众多花店中优先选择你。

W 劣势是什么？

你有什么劣势？对于开花店来说你还欠缺什么或有哪些不足？这一点我们可以多多和周边花店做做对比，就能清楚地知道自己的不足。

O 机会是什么？

开这家花店最大的机会是什么？来自外部的因素有哪些？市场机会有多大？你的花店在市场中最大的切入点是什么？

T 威胁是什么？

对于这家花店，你觉得最大的风险会是什么呢？

通过优势你有哪些机会，而劣势会带来哪些风险？

综合分析自己后，
在了解自己的前提下，
我们要对花店行业有一个清楚的认知。

1. 你所在城市花店目前生存状体如何？

2. 花店目前流行的产品都有哪些?

3. 花店人员的配比是多少?

4. 花店在所在地区的发展前景还有哪些空间？

5. 花店行业的本身客户群体都有哪些?

6. 花店的衍生产品都有哪些?

7. 花店行业一般情况下资金的分配比是多少?

8. 花店在经营中有哪些硬性需求?

9. 所在地区同行业的产品，服务漏洞有哪些?

10. 半径 5 公里范围内都有哪些花店?

11. 所在地区最出名的花店或网络花店有哪些?

12. 你预计花店周边同行的主营业务有哪些?

13. 预计花店位置客流量与客流形态是什么?

　　以上 13 点你可以认真调查分析一下，对你开花店会有很大帮助，让你清楚竞争对手的情况及你对经营产品种类等的确认。

花店的经营定位

在我们做好市场调查分析后，你就要对自己的花店做出一份三年的经营规划。其实就和我们自己的人生一样，有个理想的大饼，有一条去吃饼的路，一种如何走这路的方式方法。从大目标到小目标的设定，可以根据这个规划去发展自己的花店。

花店如何规划定位

第一，要建立自己的花店文化与经营理念，让你自己及团队有一个长期的奋斗目标。

第二，建立自己花店的核心价值观，这是方便你在今后发展中如何处理内外矛盾的准则。你是如何看待你的花店、你的客户、你的员工？

第三，以三年为限，做好合理的时间规划，把一个长期目标划分为无数个短期小目标，为自己及团队都规划好奋斗目标阶段。

第四，建立整个花店的管理体系，让自己能有一个明确的管理制度。

第五，销售渠道和供应渠道的建立与维护方式，让自己能有开源和节流的外部因素。

第六，确定花店本身引流建立自己品牌的资源管理定位，把自己的品牌价值做大。

第七，控制花店收支平衡的方式方法。

第八，针对第一年的近期目标、第二年的发展目标、第三年的战略目标做好规划。

第九，确定自己经营的客户定位，初期可以用有限的资源去发展目标客户。

第十，对花店经营品种与产品进行分类定位。

第十一，开店后自己的销售模式都有哪些，做出规划并定位。

作为一个花店老板，花店经营不是简单地包包鲜花就可以了，你要具备做好一家企业的心态，才可以让自己在花店经营中减少不必要的浪费。心有多大，你的舞台才会有多大。

花店的产品定位

对于花店的产品，首先我们要明白产品和作品是有区别的，不是任何花艺作品都是花店的产品，对于花店产品我们是以数据分析为前提进行设计制作的，而艺术作品是根据想法和创意进行创作的，作为花店的产品首先要确保可以量产。如果一捧花束通过很多的设计元素还有技术手法设计出来，但无法量产，那么对于一个花店来说，你的收益就会受到很大的影响。顾客对待产品和作品的态度是不同的，当他们看见一件漂亮的艺术作品的时候，他们考虑的是如何欣赏它；而当他们看见一个漂亮的商品时，他们考虑的是如何购买它，这是有本质区别的。

如何给自己花店的产品定位呢？

1. 通过市场调查客户需求来确认产品形态。

2. 根据顾客需求来设计产品。

3. 确认在产品销售时产品的原材料充足。

4. 对产品定型后多角度多场景拍照。

5. 罗列产品制作过程及难点。

6. 写出作品的创意文案。

7. 确认产品包装、标识、配送需求。

8. 通过小范围推广进行产品的市场测试，并总结优缺点。

9. 最后进行产品定型。

　　产品在整体的设计过程中，作为管理者要时刻与销售及花艺师沟通，确认颜色、销售形式、预计销售数量、产品规格包装、配送方式等细节，同时也要考虑自己团队的执行力与产品的复制性，针对产品变成爆品或过剩的情况都要设定好相应的应急预案。

花店的经营模式有哪些

1 花店分销代理商模式

花店设计好产品，通过三级分销的经营模式，让很多非专业人士利用节日需求和朋友圈需求来产生订单收益分红，可以让花店拥有很多的订单。

2 花店合伙人模式

一家花店如果需投资 20 万，那么我把花店分成 1000 股，每一股 500 元，同时还送 500 元的产品代金券，成为股东会员可以享受股东折扣。这 1000 股如果我在开业时销售出去，我可以提前回笼资金 50 万，并且可以圈到一批忠实"粉丝"合伙人，那么你的花店自然就可以很轻松地赚到钱了。

3 合作联营模式

一个人的能力再强也没有一群人的能力强，那我为什么不把自己的产品利益让出一部分与其他合作单位分享，让更多的人来帮我一起销售鲜花呢？比如跟蛋糕店合作，每销售一个 300 元花束，可以直接返给蛋糕店 150 元现金，到最后即便产品销售只赚了 10 元钱，如果所在城市的 100 家蛋糕店，每天 100 张订单呢？

对于很多人来说，开一家花店就是学习漂亮的花艺技术，然后把花店装饰漂亮，自己再美美地做出漂亮的花艺作品等待顾客上门购买。而（现实）这样真的可以吗？很明显这是一个很不靠谱的经营方式。如果是 30 年前，市场需求大于市场供给，这样的花店一定会很火爆。但对于今天的我们，周边已经有了各种风格的实体花店，互联网上有众多鲜花销售平台，甚至抖音、微博、微信中大量的微商也都在出售鲜花，那么客户凭什么会来你的花店购买鲜花呢？要知道顾客没有经过专业培训，对他们来说，买花只是一种生活仪式，不是刚性需求，在这样的条件下，钓鱼方式的商品买卖，明显不适合当下时代的花店经营。

4 全渠道模式

为了能让更多的人在第一时间购买到鲜花，可以开通实体销售、互联网销售、移动电子销售、渠道合作销售，给顾客提供对应的鲜花与服务（跨行业的实体合作和多媒体平台合作，如网站、电话信息、社交媒体、电子邮件、微博、微信、视频平台，等等）。在这种全渠道销售过程中，不单是产品销售，同时也要通过花给顾客带来娱乐性和社交性的内容改变。

5 生活美学模式

花店已经不单纯是销售鲜花，而开始打造生活美学，可以把生活中的 DIY、家庭饰品、鲜花、绿植、床上用品等多维度的产品综合在一起，打造一种生活体验的感受模式，让顾客可以有更多感官的体验，从而促使顾客的冲动消费形态，甚至有更多的体验方式让顾客去感受生活的美，以促进消费。

6 供应链打造模式

花店不再只是鲜花的零售商，而是从鲜花的种植到顾客家庭中纵向地把所有环节都打通，真正实现自产自销"零成本"的销售业态。

7 媒体平台模式

花店销售的不是鲜花，而是娱乐媒体，通过花艺或与花相关的信息建立起视频、语音等媒体平台，通过各种知识性、趣味性、体验性的感官刺激吸引顾客，从而达到销售和客户引流，建立大数据库的经营平台模式。

8 资本运营模式

重金打造花店品牌，从而建立起顾客对品牌的认知意识，形成局部或客户层相对垄断，实现多维度盈利方式。

9 第三方买单模式

以鲜花为媒介吸引顾客进行消费，建立客户信息数据库，然后让第三方进行投资消费，从中获得利益，如99元包月鲜花。

以上9种经营模式都属于当下花店的新零售经营模式，希望能对大家有所启发与帮助，如需要详细了解，可以通过线下学习完善自己的经营模式。

3／精准定位花店的注册流程

花店公司注册流程

开一家花店你需要去注册一个营业执照，很多时候大家都不知道注册什么什么类型的好。在注册公司的时候是注册有限公司好，还是股份有限公司好呢？

如果你打算独资经营则建议注册有限公司比较好，如果你打算合伙经营则肯定是股份有限公司好。

注 册 有 限 公 司 需 要 哪 些 流 程 呢 ？

1. 领取一份"名称预先核准申请书"，按照申请书上面的要求准备好相关资料并规范填写，递交上去后耐心等待审核结果。

2. 审核后领取"公司名称预先核准通知书"，同时领取一份"公司设立登记申请书"等相关表格，确认经营范围许可内容，再办理相关审核手续。提醒大家一下，由于花店涉及领域比较多，建议在经营范围中可以多填写一点。

3. 到工商局确认对公账户银行开立入资专户。

4. 办理入资手续，并且办理验资手续。

5. 递交所有的申请材料，等待领取"准予设立登记通知"。

6. 领取"准予设立登记通知"后按照上面规定的日期去工商局缴费并领取营业执照。

设 立 股 份 有 限 公 司 的 程 序

1. 先由各个合伙人签订公司权利与义务协议，这样可避免今后的纠纷。

2. 申请公司名称，领取"名称预先核准申请书"，在公司名称核准的六个月内，不得从事经营或转让。

3. 审核后领取"公司名称预先核准通知书"，同时要领取一份"公司设立登记申请书"等有关表格，确认经营范围许可内容，再办理相关审核手续。

4. 到工商局确认对公账户、银行开立入资专户。

5. 办理验资手续时特别注意，出资额度不能低于注册资本的 20%，注册公司后两年内需要把另外 80% 缴足，同时确认董事会，由董事会向工商局报送公司章程、验资证明等相关文件。

6. 领取"准予设立登记通知书"后，就可以按照规定日期去工商局缴费并领取营业执照了。

在 注 册 公 司 的 时 候 我 们 需 要 缴 纳 的 费 用

1. 注册资金。

2. 核名和注册费用（费用一般在 30 元～ 50 元）。

3. 组织机构代码费（68 元～ 48 元不等，主要是各个地方不一样）。

4. 印花税（房屋租赁印花税按照注册地年租金 1% 收取，注册资金印花税按照注册资金的 0.5% 收取）。

5. 刻章费（费用 300 元～ 500 元不等，主要是按当地收取费用清单定）。

6. 验资报告（建议交给会计事务所处理）。

7. 银行临时户和基本用户费（需要几百元，也可以自选）。

　　以上是注册公司的流程，希望大家在注册的时候注意自己的经营能力，不要把自己的注册资金填写得太高，因为公司要根据注册资金交税的。但也不要填得过低，不然你在经营中会很麻烦。同时在注册名称的时候不得使用汉语拼音字母（外文名称除外），也不能在公司名称注册的时候使用数字，现在的公司注册比较难主要是在名称审核上，建议大家名字稍微长一点，六个汉字以上比较容易注册，因为大多数简短的都被别人注册过了。

花店商标注册流程

花店商标注册的

七个流程

1 注册准备

先登录国家商标查询系统，核对下自己设计的商标是否有类似或重复的设计，相似的"肯得基""乡村鸡"现在就无法注册，强行使用这种类似的商标混淆视听就会被别人起诉侵权行为。

2 准备资料

准备法人的身份证和营业执照的复印件；

盖有单位公章及个人签字的商标注册申请书；

商标图样 11 张，彩色图样 10 张，黑白墨稿 1 张，商标长宽规定不小于 5 厘米且不大于 10 厘米。

3 申请注册

国家《商标法》明确规定：自然人、法人或其他组织在生产经营活动中，对其商品或服务需要取得商标专用权的，应当向商标局申请商标注册。另外商标注册申请人应当按照规定的商品分类表填报使用商标的商品类别和商品名称，提出注册申请。

在商标申请注册时要特别注意申请时间。

4 **等待审查**

审查主要是对申请人资格审查；

申请人地址是否准确；

申请人名字、章戳是否与营业执照一致；

申请人要求核定的商品与服务是否填写具体、规范，分类是否准确；

是否符合经营范围；

通过代理人代理的，是否符合要求；

商标及商标图样是否符合要求；

证件是否完备；

商标申请费是否缴纳；

书写是否合格。

5 **提出申请**

审查结果会在《商标公告》中公告，确认审查结果后，提出申请注册。

6 **注册结果**

注册后 3 个月内没有人提出异议，那么商标就注册成功了，商标注册人开始享受商标注册专用权。

7 **领取商标注册证**

在接到"领取商标注册通知书"后，3 个月内到商标局领取自己的《商标注册证》即可。

应该如何给花店取名

　　给自己的花店起一个响亮的名字、一个火爆的名字、一个吉利的名字是每一个创业者都期盼的，但起名字就和穿衣服一样，最怕的就是重名，好比现在的花店叫玫瑰花店、花房姑娘、花间小铺的非常多，那么应该如何起名呢？

　　有人说起英文名、法文名、日文名的花店也非常多，我真想知道那些老板有多高傲，要知道大学毕业后还能坚持学习的真不多，老百姓如何认识英文？好吧，英文好歹大家都学过，法文、日文这些语言大家未必看得懂，那么又如何让大家记住你呢？

这 里 给 大 家 提 几 个 取 名 建 议

　　用花名做店名：尽量避免大众花，可以多找找新品种的花来命名自己的花店。

　　外文翻译后的中文名：虽然我不喜欢，但还是有很大一部分人喜欢舶来语的。

　　个性的单词名："90后""00后"的创业者不个性，怎么能代表自己年轻呢？个性化的名字也比较利于传播。

　　借势起名：最近流行的话题、电影、事件，拿来起名，虽然过一段时间这个名字也许就不流行了，但你利用在流行的时间里先让自己的花店火爆起来也是非常好的营销方式。时间久了，你的店名就是一个时间片段的记忆名了。

地名及店名：利用自己所在城市，或街道等地名来命名自己的花店，方便大家记住你的店名。

文艺店名：从诗词或散文中找一些组合，这样格调高，还带有小清新的文艺气息。

阴阳五行名：把自己的名字，还有店址，以及自己的经营项目罗列出来，看看五行缺的就补上来起自己的店名。如果都有了，那就直接起一个五行都有的名字，这样符合风水。

简笔名：选择小学课本上的文字来组词起名，越简单，越直接，越看不懂，越容易让人记得。

趣味取名：找段子，找梗，起个大家一看都乐的名字，快乐就是最好的传播方法。

用自己名字当店名：用自己的名字当店名，所有人都会记得你和你的店，双重记忆就可以让你和你的店都成为网红。

以上给大家分享了10种起名方法，你看看你喜欢哪种起名形式呢？起名的时候，有一个原则要注意，不要选择生僻字。看不懂的招牌，没人记得；难认的招牌，推广更难。

4 / 提高员工积极性的
管理章程

花店日常管理流程

经营一家花店，每天都要做哪些事情，如何管理好自己的日常工作呢？

很多花店每天早上都是换水剪根，接着整理商品，打扫卫生，之后就等待顾客上门，或者发发照片、视频，做做网络推广，难道这样就可以让一家花店生意火爆吗？

对于花店来说每天的事情都要有个规划和流程，否则员工永远只会说很忙，老板永远都说赔钱。

开店第一时间我们应该做哪些事情呢？

1. 打开必要的电器（照明、收银机、音响、电脑等）。

2. 查阅订单，查阅会员资料，查阅交班信息，并做出相应处理。

3. 检查店内营业区商品，花瓶内的鲜花、花篮、花束等，不新鲜的花材会影响美观，应对其进行及时处理。

4. 清洁营业区卫生，确保环境整洁。

5. 对鲜花产品进行换水及养护处理。

6. 对盆栽花卉进行养护处理，对仿真花卉及其他花卉进行除尘处理。

合理分配员工每天的基础工作

1 销售人员

轮流在店门处做好迎宾工作，确保店门前的车位空余，方便顾客开车停车。

如下雨时提供雨伞接送顾客，下雪和大风的恶劣天气为顾客提供方便服务，例如，一张纸巾、一把梳子、一次援手的帮助。

迎宾语言与销售语言的基础标准化。

销售人员服务的礼仪与服务标准化。

2 花艺工作人员

制作当日花艺订单。

制作花店日常销售展品与花艺装饰品。

在工作台附近活动，负责检查所有工具的准备情况，以及日常保养、包装材料及各种饰品的归位情况。

针对废旧花材、物料制作产品及赠品的处置。

3 花店网络人员

针对花店新产品进行拍照及修图处理，并设计好文案用于每天的宣传。

在官方网站、微博、微信、公众号中发表当日文章，并要求所有花店人员积极转发。

制定花店网络宣传计划及执行细节。

接收网络订单及所有相关线上订单，并与财务和花艺师及时沟通。

4 花店收银财务人员

确认账目清晰，确保零钱充足、收银机与打印纸充足。

联系订单客户确认配送信息。

协助店长做一些岗位内能完成的工作。

5 花店店长

调动花店员工的积极工作气氛，店长首先不能带有负面情绪进入工作状态。

必要情况和遇见特殊情况时建议再开晨会，减少会议时间，增加单独个人沟通比较符合国人性格。

检查花店的营业准备情况，并协助工作人员处理紧急事情。

与财务核对好财务报表。

检查花店、库房、工作台，以及各种设备的情况。

及时解决顾客消费过程中的问题。

对当日销售情况进行分析，同时对近期产品及库存及时调整。

对本月及近期节日、活动等花艺大单进行及早规划。

配合老板及花店管理团队完成好管理细节（人才流动、奖惩制度、等级调动等）。

对店内产品、人事、客户情况及时向管理团队或老板反映。

防火、防水、防盗、防虫，做好安全防御措施。

6 老板或花店的管理团队

制订各个节日及活动的计划。

完善各种宣传渠道的建立。

公关团体的订单及长期订单。

建立会员服务体系措施及计划执行。

新产品的开发及推广模式的设立。

对店铺周边团体、个人的维护及资源整合。

开拓新的营销途径。

设计制作各种用途宣传产品及赠品。

完善产品图库及数据库。

完善自己的官网、微信、微博、公众号等虚拟平台的各种功能措施。

建立完善团队服务体系，确保团队的凝聚力与向心力。

根据花店店长提供的数据与市场分析，制定好进出货的平衡体系。

收集市场各种数据及各种信息，随时调整工作计划及营销计划。

花店员工工作日志

花店的员工每周都需要填写一份自己的工作日志，可以让大家有明确的工作内容和工作目标。

工作日志			
姓名	工作岗位	日期	第　份工作日志
工作内容			
工作进度			
工作预计完成需要时间			
工作完成需要支持和配合			
工作完成时间		工作建议	
工作总结			
备注			
店长姓名			
批阅时间			
批阅内容			

对于这个工作日志，其实主要是看员工写工作日志的内容和总结、建议，这样就可以很轻松地判定一个员工是否认真工作或者说是否带着头脑认真工作。工作日志写好后主要由店长进行批阅，增加店长的管理能力，同时给出批阅内容供老板参考。由店长来指导每一个人写好工作日志，这样团队的凝聚力也会有很好的提高。

花店的奖罚措施

花店哪些事情需要奖罚呢？

1 针对工作疏忽、无责任心，但没有造成经济或花店品牌形象损失的行为进行处罚（建议金额不要过高）。对提高工作效率，减少花店不必要损失，增强花店品牌正面形象的员工进行奖励（奖励金额不可过高，但要做整体宣传增加气氛，同时要为此单独约谈）。

2 针对工作中出现问题，造成经济损失或影响品牌形象的员工（非故意行为）进行处罚（建议 500 元以下 100 元以上的经济处罚，同时需要写工作处理报告，增强自我意识与他人危机意识），并单独约谈。

反之，对品牌增加收益和明显有利品牌效益的事情，根据正常工作提成进行提成外，额外增加奖金和树立典型（建议奖金设立在 500 元以上、5000 元以内的金额），同时要单独约谈。

3 针对工作中出现重大问题，并没有妥善解决，造成经济损失及恶劣影响的员工（员工故意为之的行为），首先是经济处罚，即按照劳动法相关规定扣除员工 20% 的工资（要确保员工最低工资待遇），并给予警告或开除的行为处罚。如有触犯法律行为，当追究其刑事责任，并追缴相关损失费用。

反之，对做出重大贡献及增加收益的员工，在原有工资提成外增加额外奖金及树立典型，提高工作待遇级别，同时单独约谈或建议建立合伙人合作机制。

花店员工的晋级考核标准

对于花店所有人员的基础考核内容：

日常鲜花品种识别、常用鲜花花语、关于常用花卉的故事与传说、花艺色彩搭配、掌握插花尺寸比例、鲜花的具体品种的养护知识、基础手绘等。

被考核人		工作岗位		考核时间	
	考核指标	指标说明	优良中差	自我评价	店长评价
工作业绩	插花理论中国插花员考核内容	根据职位不同考核内容不同	优 30 分　良 20 分 中 15 分　差 5 分		
	花艺实操 根据花店风格，由花艺设计师制定	根据职位不同考核项目不同			
	工作效率	时间与质量相挂钩			
工作能力	工作量	有效利用工作时间			
	自我学习能力及自我管理能力	学习内容的专业性与自我掌握资源的分配能力			
	问题解决能力	遇见问题的应对方法			
	责任心	是否具备承担力			

花店进货存货流程

当今花店进货主要从昆明、广州、山东、成都、河南、凌源采购鲜切花。进口花主要是从越南、泰国、荷兰、厄瓜多尔、肯尼亚等国家进口。

另外，全国各地都有本地鲜切花种植商，以及线上购花网、各种 App 鲜花进货平台和传统二级批发商地级代理商。

日 常 玫 瑰 花 进 货 的 选 择 标 准

花头：色彩纯正，花瓣大厚，花苞紧实，无病虫害。

叶片：新鲜，完整，无明显受伤腐烂情况，无病虫害。

枝条：长度符合级别标准，硬度高，根部切口颜色深浅。

影 响 鲜 花 储 藏 效 果 的 因 素

植物材料的质量（物理伤害，乙烯释放，微生物感染）：10% 蔗糖 +150ppm 柠檬酸 22℃以下贮藏。

温度：0.5℃～2℃干贮。

空气湿度：90%～95%，关键湿度值 70%。

光照: 每天5~6个小时紫外线光照,紫外线灯保持在1100~2200勒克斯光照值(流明值)。

乙烯: 同类花卉伤害, 乙烯抑制剂, 高锰酸钾 $KMnO_4$。

空气循环度: 花箱间距 10 厘米左右, 墙壁与鲜花保持 10 厘米间距, 距离顶部至少 50 厘米以保证空气流通。

病虫害: 最容易出现的是灰霉病, 需要用杀菌利、百菌清、烯菌酮来清除。

清洁和空气净化: 贮藏前用消毒水或氯酸钠消毒, 石灰水也可以。

花材对乙烯的敏感性

乙烯是一种最简单的气体有机物, 也是植物代谢的天然产物。

机械损伤、病害、温度升高 30℃以上、缺水都会造成植物产生乙烯速度加快, 一天当中中午时间是乙烯释放高峰。

20℃以下大部分切花产生的乙烯是每小时 0.1 微升 / 千克, 而苹果和香蕉每小时产生的乙烯是 100 微升 / 千克。

外部产生乙烯: 劣质的塑料制品、颜料染料、装修材料、树脂材料等。

花店插花工作流程

花店的花艺师在日常插花的时候，需要有一个标准流程，这样方便花艺助理配合花艺师快速地高质量地做好一件花艺作品。

花 艺 师 工 作 流 程

1. 选择花材，交给花艺助理进行花材净化处理。

2. 选择包装材料及装饰材料，交给花艺助理进行材料初级加工及装饰准备。

3. 花材由花艺助理分类摆放，便于花艺师操作。

4. 花艺助理在准备好花材的同时，准备好容器与花泥，并提前固定好花泥。

5. 花艺师制作花艺产品过程中，花艺助理在花艺师右侧或左侧进行鲜花传递。

6. 制作花束产品时，花艺助理提前准备好保鲜用品及固定花束的材料。

7. 病虫害：最容易出现的是灰霉病，需要用杀菌利、百菌清、烯菌酮来清除。

8. 制作插花产品时准备好喷壶及擦手布。

9. 花束产品在做包装时，花艺助理协助花艺师完成包装，并准备好胶枪加热，方便固定饰品。

10. 花艺师需要对产品进行检查（检查品种是否有细节伤残。病虫，检查主花数量，检查包装完整度）。

11. 产品制作结束后，放在固定拍照地点，进行产品拍照或录像，以作资料储备。

12. 拍照过程中，花艺助理清洁工具及工作台卫生，对剩余材料进行分类存放。

花艺助理工作流程注意事项：

清洁花材时，花艺助理需要确认花艺师对花材的处理要求。

包装材料在准备时，尽量准备充足。

花材摆放的时候，按照花艺制作的顺序或花艺师插花习惯，条理清晰地摆放花材和相关材料。

花材在准备时对于易脱水及易损伤花材，小心处理。

花艺师在工作时，按照工作习惯或顺序，提前做好下一步的准备工作，并在旁边协助花艺师完成工作。

在为花艺师准备擦手布时，提前准备好干燥布和温湿布，及桌面清洁抹布。

标识商标等物品，提前摆放好。

喷壶在喷水时护住包装纸，优先对叶片喷水，对花头点射喷水。

产品完成后，第一时间清洁工作区域。

花店配送流程

花店在产品制作后，进行产品配送，需遵循的配送工作流程。

1. 配送人员检查花艺产品的完整情况。

2. 对产品进行外包装处理。

3. 夏天时产品要进行包装低温处理。

4. 冬天时产品要进行包装保温处理。

5. 产品外包装标明产品摆放方向。

6. 产品装车时做好分层或防挤压处理。

7. 配送过程中减少产品碰撞及搬运挪动次数。

8. 配送人员不能直接皮肤接触花艺产品，需戴手套或手提包装产品，减少体温和肢体对花材的损伤。

9. 配送人员配送到客户签收前，需二次对产品进行检查，检查是否有花卉脱水、损伤现象，如出现以上现象，应第一时间做出有效处理。

10. 配送人员在检查产品没有质量问题或处理问题花材后，需对产品进行喷水处理。

11. 客户对产品签收时，配送人员需要留下花店客户服务联系方式。

12. 在配送过程中，如出现对产品或品牌进行询问的顾客，应当第一时间避免泄露送花人信息，并且附上花店品牌信息及联络方式。

13. 收花人确认收花后，配送人员需要第一时间对花店客服人员发送确认信息，以便让客服人员第一时间联系送花人。

14. 配送人员回店后，需要配合花店管理人员对产品及收花人进行信息登记，建立客户档案信息。

以上是花店在配送过程中配送人员需要遵循的配送流程，同时花店工作人员需要第一时间配合完成相对应的工作流程。

08/ 04

花店客服管理流程

对于花店的客户管理流程，我们需要先对客户管理进行分类：

第一，是针对客户投诉的解决方案；

第二，客户维护的具体方法；

第三，维系顾客的措施；

第四，交易模式与售后服务；

第五，建立客户口碑。

常见的客户投诉问题处理方式

鲜花不新鲜

处理方法：当客户投诉收到的鲜花不新鲜时，花店客服要询问哪些鲜花不新鲜，如个别鲜花不新鲜，建议顾客优先选择自救鲜花，如果效果不佳可以补送对应鲜花及道歉礼品。如果大量鲜花不新鲜，和顾客确认是否可以补送鲜花，并可以赠送优质的包月插花及道歉礼品。

鲜花品种数量不对

处理方法：顾客在投诉鲜花品种数量不对时，客服应优先向顾客道歉，承认工作出现问题，并及时补送所需要的鲜花数量及道歉礼品。如果顾客非常生气且不接受道歉，建议补送一束全新增值的同等品种数量的产品。

产品与图片效果差距很大

处理方法：详细向顾客说明，鲜花产品属于纯手工产品，在制作时每一位花艺师会因为材料上的细微不同而有略微差异，不同的花艺师在制作的时候也会有所不同。但是我们可以向顾客保证，花艺产品都是由专业花艺师制作完成的，希望顾客能够理解。同时为了感谢顾客对我们的产品提出宝贵建议，我们可以赠送一份特色产品，希望顾客能够喜欢。

收花人直接拒绝签收鲜花

处理方法：与收花者直接沟通，希望对方能理解我们工作；同时与送花人联系，问清楚事情原因，为送花人争取，并积极取得收花人的谅解。

对于日常客户维护的具体方法

1. 经常对顾客开展网络信息的鲜花养护知识教学。

2. 开通小视频，指导顾客制作各种生活鲜花小技巧。

3. 建立微信交流群，指导各种鲜花的正确处理方式。

4. 在交流群中经常开展互动精彩与抽奖小游戏。

5. 开通互动花卉线上医院，帮助顾客解决家庭养花问题。

有效维系顾客的具体措施

1. 插花视频教学及花艺知识分享。

2. 花艺生活方式的主题沙龙。

3. 客户微信群分类建立，每日进行话题交流。

4. 鲜花主题郊游采摘与户外花艺聚会。

交易模式与后续服务

在客户交易模式中，选择建立快速便捷的购物方式，如电话订花、微信订花、线上视频选花等方式。

同时可以开展家庭花卉租赁，通过智能遥控改变家庭花卉的养护方式。

还可以开展会员平台鲜花免费领取业务，多元化服务共享。

花店拍一部微电影故事片，可以邀请老顾客与我们一起玩转花店里的故事情景剧。

如何建立顾客口碑

以前的商家一般只要做好自己的产品和服务就可以赢得顾客的口碑，而对于现在的社会来说，好的产品和服务都是商家具备的基础要求，在这两点的基础上我们还要学会和顾客分享收益，无论我们采用三级分销方式，还是采用购物返现方式，都可以让顾客在购物的同时得到实际的经济收益，这样都可以有效地吸引顾客成为我们的老顾客，从而帮助我们在口碑营销中取得不错的成绩。

最后特别提示关于花店客服管理中需要注意的一些事项

1. 客户服务中，不接受"不"为前提的服务回答。

2. 客服服务中，要彻底解决顾客的相关问题。

3. 客户服务中，要赚取顾客的信任度而不是金钱。

4. 客户服务中，一定要有耐心、细心，学会聆听。

5. 客户服务中，一定要清楚语言是可以听出表情的。

6. 客户服务中，减少解释问题，多找处理问题的方法。

以上就是客户服务管理中的主要方法与注意事项。

花店财务记账方法

在说财务记账方法前，作为花店老板需要搞清几个简单问题：

什么是花店的现金流？

花店的现金流指的是在花店公司账户中的资金总量，而这笔资金可以属于负债资金，也可以属于盈利资金，总之在这个资金池中始终属于资金增长或资金滚动的现金，就可以称为花店的现金流。

什么是花店的流动资金？

花店的流动资金主要是指用于店面日常运营管理的使用资金，用于广告推广、办公消费、报销资金或备货资金。

什么是花店的固定消费资金？

花店的固定消费资金主要是指每个月花店必须支出的资金，如人员工资、采购资金、房租等，这几笔资金需要每月定期支付。

在了解上面的三个问题后，财务人员需要做好现金日记账登记，方便后续为所有工作人员进行工资及奖金结算，现金日记账登记市面上有对应的相关表格，照常填写就可以了，但是对于花店其他工作人员则需要采取四联小票填写登记。

销售日期	花材明细	辅料明细	销售单价	销售数量	销售总价	备注
销售项目						
花束	11 朵红玫瑰	包装纸 3 张	100 元	2	200	
客户满意度	满意		一般		不满意	
说明备注						
销售人员签字		花艺师签字		配送人员签字		财务签字

预 计 工 作 完 成 需 要 时 间

销售小票分别由销售人员、花艺师、配送人员、财务四方签字，并且分别保留好各自存根，月底根据各自的存根领取奖金。

花店销售人员需要按照日常的销售小票填写好每一笔销售信息，方便财务汇总登记。

花店制作人员配合销售人员完成好各项成本登记，同时与销售人员对每日销售情况进行分析登记，在分析中确认顾客的满意度、产品的实际完成效果，对顾客会员资料的登记也要每日进行记录整理。

花店的财务报表

当我们每天做好自己的账簿登记后，店内财务人员需要做出当日的财务报表，花店的财务报表需要汇报每天的销售记录与各项数据分析总结。

财务人员需建立一个日常财务登记表，对每日销售情况进行汇总登记。

××花店日常销售报表

日期：　　　　　　　　　　　　　　　　　　　销售人员：

序号	销售项目	单价（元）	数量	折扣价	小计	花材数量	配送支出	赠品支出
1	小花束	50	1	10	40	玫瑰3枝，百合1枝，满天星1枝	10	1
2	花盒	500	1	50	450	芍药2枝，玫瑰5枝，波斯菊7朵，配叶少许	10	0
3	散花	80	1	0	80	百合4枝	0	1

4	花束	360	10	10	3590	红玫瑰 210 枝，尤加利 70 枝	0	5
合计					4160			

备注：已付定金 500 元，应收 3660 元，尾款明日付清。

制作人员：　　　　　　配送人员：　　　　　　财务人员：

　　在这个登记表中，由每位销售人员直接填写，并交给财务人员进行统计记录，同时财务人员应对各项成本与各种支出做好登记，这样就可以很清楚每天的实际销售状况了。

花店的接待服务流程

许多人都清楚应如何去服务顾客，但是由于生活习惯等问题，往往会在很多服务细节上让顾客感受到不舒服，而且也会有很多因为懒惰造成的服务不完整等现象。

对于一个品牌的花店来说，只要建立一套标准的接待服务流程，就可以促使员工按照标准流程去执行相关服务细节。

花店的十三个接待流程

1 迎接顾客

对于在门口里面的销售人员，当发现门外有顾客朝花店走来的时候，要第一时间打开店门，并出门迎接顾客，如果遇到下雨、下雪等恶劣天气时，应当在顾客停车在门前时就打伞去迎接顾客，即便以上顾客不是来花店消费，也会因为这些细节服务而对花店品牌有印象加分。

2 引领顾客

当顾客接受销售人员迎接服务后，销售人员应当站在顾客的旁边为顾客进行引领带路，同时在引领顾客的过程中注意手势动作及开关门的顺序。

3 递送温馨服务

顾客进入花店后可以对戴眼镜的顾客提供眼镜布，对被雨淋的顾客提供纸巾等细节的温馨服务，为顾客提供帮助就是变相为花店增加顾客的好感度，有利后续的销售。

4 问询顾客

顾客进店后等待5～10秒钟，给顾客休息及对店铺大致浏览的时间，然后再询问顾客是否有什么需求，询问时注意用词，如"您""您好"，避免生硬的"你"字出现。同时在提问中获悉顾客是否需要鲜花，需要什么用途、风格和款式的鲜花，并指引顾客进入花店产品区进行选择。

5 为顾客倒一杯水

可以为顾客提供一杯水，水温不宜过高，也不宜过低，顾客一般情况下都会接过，然后在喝水的时候缓解自己的情绪。同时，一杯水也可以拉近销售人员与顾客之间的距离。

6 介绍产品

顾客在没有明确购买目的的时候，销售人员应当向顾客介绍花店的产品系列，首先介绍店里的新品或特殊产品，然后由价格低的产品向价格高的产品介绍，这样可以给顾客一个适应产品和价格的过程，同时销售人员要针对各个产品的特点与卖点逐个介绍。

7 帮助顾客选择鲜花

顾客在确定需要重新制作鲜花形式的时候，销售人员应当协助顾客选择所需鲜花品种，同时帮助顾客把鲜花从花桶里逐一挑选出来，减少顾客自己拿花而碰伤鲜花的可能性。同时，可以让顾客感受到花店的热情服务。

8 帮助顾客制作产品

把顾客所选的鲜花交由花艺师来制作产品，销售人员需要通过花店内部暗语交代顾客所需情况，并在花艺师制作产品的时候，根据顾客档案的问题，通过聊天的方式逐一询问顾客，方便事后为顾客建立好对应的客户档案。

9 检查花艺作品

当花艺师做完产品后，销售人员借为顾客查点鲜花数量为由，对整体产品进行检查，检查鲜花数量是否正确，检查鲜花是否有未处理的细节、产品的包装与配饰、商标与吊牌。

10 核对产品

销售人员要对所有鲜花种类及数量进行核对，确认产品单价与产品数量及质量。

11 对顾客进行报价

在对顾客报价的时候，首先要从顾客所选择的鲜花中最便宜的花开始报出价格，并且要把单价与单品种的项目总价优先报出来，方便顾客心算出对应产品的相对价格。

12 付款收银

如果顾客对产品价格没有异议，销售人员应引领顾客到收银台付款，在付款前要告知收银人员销售产品清单，由收银人员做最后的价格确认。顾客在付款时不要用眼看顾客，避免不必要的误会。如鲜花需要配送，应为顾客准备好配送订单的填写，并尽量留下顾客的微信号或电话号码，方便事后通知及会员资料录入。

13 礼送顾客

顾客消费后，销售人员应当礼送顾客出门，此前在什么位置接到的顾客，就要至少把顾客送到对应位置，切忌顾客付款离去时不送顾客。

　　以上 13 点就是花店销售人员的接待服务流程，对于具体的谈话方式可以根据顾客的性格习惯随时改变，但在整个接待过程中，需要花店工作人员按照接待流程来完成相关的工作。

5/ 增加核心竞争力的团队培训

花店培训管理制度

对于任何一家公司来说，最重要的就是人才，人才不单要靠发掘，还要有自己的培养体系。培训员工是花店不可缺少的环节，只有在自己的体系中培训出来的员工，才更符合自己花店发展的需求。那么培训员工，最主要的培训内容是什么呢？

如何建立花店的培训管理制度？

第一，我们需要确定培训方式，由谁来进行培训，培训的内容和标准有哪些，培训需要达到的目标是什么。

第二，要确定所有员工的培训时间，新员工培训和老员工培训时间安排。

第三，具体的培训期间的规章安排，如考勤、作息、请假、建立个人档案等。

第四，确认考核方式、笔试专业知识、口试销售服务方式，实际技术操作，制作花艺作品，总结分析和建议工作内容等。

第五，建立自己花店的考核评分标准，根据不同的分值可以给予员工不同的待遇及奖励，同时也对未来的正式工作岗位的晋级考核做出相应安排，确保即便分值较低的员工也有机会为下一次的升职考核而努力。

花 店 培 训 的 五 大 核 心

1. 提升员工花艺技能，增加花店专业竞争力

花店的技术要求，需要每一个员工熟悉，这样彼此在工作中才会有标准去执行和形成配合的默契度。

2. 增强员工的合作能力

只有在彼此都学习知识的情况下，才能让彼此之间明白什么叫标准，同时由于共同的学习也可以让员工之间有很强的凝聚力。

3. 让员工可以认同花店

文化与品牌的学习，是一种价值观的体现，只有培训出有同等价值观的员工，才会让员工有归属感和主人翁意识。

4. 可以增加花店盈利能力

花店培训中，如何做好产品，如何做好产品销售，如何宣传推广，如何服务好顾客，这些培训可以让员工更清楚如何去面对顾客，从一个非专业人员到专业人才的转变也是从培训开始的。

5. 花店培训机制可以增加团队人才输送

现在很难有人会为一个老板打一辈子工，那么当有人员离职时，一套完善的培训机制就可以为花店的各个岗位不断地输送合格的人才，减少花店在人才流失时造成的利益损失。

当培训管理制度建立后，对于花店来说，这些考核评分都要由老板来独立完成，虽然花店很小，但是我们将每一个步骤都很专业地执行时，会给每个员工带来希望和奋斗的目标。长城不是一天建立起来的，但长城实际是用一个简单的方式，通过无数次的重复而造就的。

花店培训内容

插花理论考核参考

来自中国插花员的考核内容

插花实操

根据花店风格，由老板或花艺设计师制定

基础专业知识考核内容

被考核人		工作岗位			考核时间		考核人
	考核指标	指标说明		优良中差	自我评价	店长评价	店长评价
专业能力	插花理论	根据职位不同 考核内容不同		优 30 分　良 20 分 中 15 分　差 5 分			
	花艺实操	根据职位不同 考核项目不同					
公司文化	花店文化 工作制度 管理规章 团队精神 卫生安全	整体的知识需要全 部记牢，同时要有能 力对学习内容进行 总结和分析建议					
工作能力	工作量	工作时间内的有效 利用时间工作					
	自我学习能力及 自我管理能力	学习内容的专业性与自 我掌握资源的分配能力					
	问题解决能力	遇见问题的应对方法					
	责任心	是否具备承担力					

花店人员阶梯培养计划

花店的员工从入职第一天开始，到最后升职为店长，也许是因为其有丰富的经验、高超的技术、优秀的能力。但对于很多花店来说，当上店长后，这个员工的职业生涯就结束了，而且很多人基本都是很轻松就可以当上店长，因为花店缺乏人才、缺少团队、缺少阶梯的成长规划，接下来我们就来做一个花店的人员阶梯培养的流程。

花店人员的阶梯培养

1 先从实习入职开始

除特殊人才外，花店所有基础人员都需要从实习入职开始工作，很多企业都是三个月实习期。对于迫切用人的花店来说，实习期可以通过每月的基础考核来评定，只要完成基础考核的人都可以直接入职成为正式员工，通过这样的考核也可以间接地让员工认识到自己的价值。有能力的人最多一个月就可以成为正式员工，而没有能力混饭吃的人只能获得实习工资，乃至被淘汰。

2 实习期转成正式花店员工

由实习期转成正式花店员工，无论在哪个岗位，花店员工都分为三级。最初都是三级员工，工资明显高于实习工资待遇，提成和其他奖金也相对比较高。在第二次考核中获得通过的人就可以成为二级员工，属于增加提成与奖金。在第三次考核中获得通过的人可以成为一级员工，这个过程最快基本也要四个月。相对来说一级员工的忠诚度比较高，可以把他当作花店骨干人员进行培养，在某些对外产品销售中可以享受分销商的分成待遇。

3 成为一级员工后

花店里的主要职位有花艺技术人员、产品销售人员、互联网推广人员、店外销售人员四类，可根据一级员工的喜好及能力让其进行选择，如果员工选择其中一类，就按照其所选的分类进行针对性的学习与考核。假设其选择花艺技术人员那么就要从一级员工转到花艺师助理小工，完成花艺作品的基础协助工作，并对专业性知识进行每月一次的考核，通过考核后可以成为花艺助理中级工，这个时候他就可以从事协助花艺作品完成的工作，并承担相对应的其他辅助工作。

次月考核再次通过后，就可以直接升级为花店花艺师，这时他就可以从事花艺设计以外的任何花艺产品的复制工作。当他再次通过下一月的考核后，就可以成为花店的花艺设计师，主要从事花店的花艺管理及花店产品设计工作。其中花艺管理主要是管理花艺师助理小工、中工及花艺师的日常工作，同时管理节日及各种花艺活动的花艺工作执行。还要针对各种节日，各个季度进行相应的产品设计，严格按照花店产品设计流程，完成符合花店需求的产品设计。

4 员工通过各种专业技术的学习升级后

可以再次进行考核，通过管理、销售、技术的各项综合考核，成为花店店长。

5 升级为花店店长后

按照花店店长的工作职责完成相应工作内容。

6 店长不是升级结束，而是一个新的开始

店长在店内工作满一年，熟悉花店每天的工作流程与工作执行后，可以申请开设分店做分店店长。对于这样的员工建议给出两个选择：第一，由公司出资成立新的花店，店长可以拥有新店的店长薪金待遇，同时也拥有新店的相应股份，每年可以获得花店的股份分红；第二，可以自己出资或与公司合资开设新店，根据出资比例占有新店的股份比例，此外，还拥有店长的福利待遇，成为公司连锁花店中的合伙人。

　　以上两种选择都可以让员工成为促进公司发展的骨干人员，经过一段时间，员工可以申请二次开店。由这名员工开的每一家分店都有股份分红及管理薪金待遇，直到晋升到所在城市或所在区域内的区域经理人。成为区域经理人后，员工可根据自己的喜好进行选择。

　　第一，成为更多分区经理人，不断地开设新店，然后按照比例获得每一家店的分红。

　　第二，成为总公司高级管理人员，成为公司行政、销售、市场、策划、设计等部门经理入职总公司，保留所有分店的分红权利，享受总公司高级管理人员待遇。如果员工愿意继续努力，可以成为总公司的项目经理或更高级别职位，甚至可以直接购买公司股份成为公司股东之一。

　　到这一个阶段，相信每一个员工都可以看见一个可以长期发展的企业规划，以及公司发展远景，也更愿意学习企业文化，并付出更多努力去打造企业品牌及个人价值。也许今天我还只有 10 平方米的小花店，但是只有一个远大并完善的职业生涯阶梯培养规划。相信很多员工都愿意在你的花店尝试着去工作并努力为下一个级别而付出，这样你的花店员工就会创造出比自己工资待遇更多的剩余价值。自然而然地就形成了员工养公司的现象，作为老板也就不会再为没有好员工而发愁。

花店员工奋斗目标

1. 学习相关技术 2. 工资 3. 福利待遇 4. 工作环境

5. 工作氛围 6. 老板态度 7. 发展前景

以上七点基本上是大多数员工所看重的，对于很多员工来说，只要满足这七点就是最好的工作了。

可是花店总是会出现很多问题，如花店老员工有排斥新员工和压制新员工现象，新员工也很容易因简单的事情而烦躁。新员工想法多了，浪费就多，但没想法就没有创造价值的能力。那么如何才能让新员工更快地融入花店的实际工作当中呢？

工作目标呢？ **什么才是员工的** **给大家提供以下几个小办法来解决问题**

1. 让老员工带新员工从事基础工作。

2. 新员工有定期分阶段学习与考核，增加福利待遇机制。

3. 老员工与新员工一起完成花店管理机制。

4. 定期与新员工沟通感情。

5. 新员工要分阶段对花店行业各种基础知识进行培训。

6. 新员工在劳累工作后要进行沟通交流。

在花店员工的日常工作中，我们可以通过奖励来增进员工的工作激情，也可以通过相关惩罚来督促员工的工作质量。

6

打造爆款花店的

装修与装饰

花店装修分类

风格分类 现有的花店

森系风格	整体装修以绿植设计为主。
田园风格	整体装修以田园风格为主。
欧洲风格	文艺复兴类风格、时尚风格、法式艺术类风格、现代花艺技巧风格。
美式风格	西部风格、百老汇风格、美式时尚风格。
中式风格	汉唐明复古、中式园林风格、中国乡村风格、后现代中国风格。
日韩风格	传统风格、后现代风格。
简约风格	黑白色系、单色系的色块展现、单纯的品牌风格。

在这些风格分类中，你可以选择自己喜欢的装修风格来定位，再查找相关的装修装饰资料，通过参考资料来确认自己的细节设计与装饰风格。花艺师也可以根据整体风格来设计产品系列及装饰品。

我们可以通过新浪微博、装修图库，或国际社交平台等查找装修资料，具体的设计建议可以请一些专业的花艺师提出参考意见，因为有些风格的装饰品及装修材料不符合花店的实际需求，后面我会为大家详细讲解装修中的一些具体问题。

花店装修区域划分

当你拿到自己花店平面图的时候，建议先把自己的花店区域进行以下划分，可以用几何图形来标识各种区域位置，并设计好动态路线。在进行区域划分的时候，要换位思考员工的日常工作是否方便，顾客进门后的购物顺序是否合适，店面产品是否都能合理展示，是否有足够的吸引力让顾客能深入店中浏览。那么花店具体有哪些区域呢？

1. 店外承包区　　含车位、门前树木、电线杆、垃圾桶、门前地面。

2. 店面招牌区　　墙壁、招牌、指示牌、照明灯、影像灯、摄像监控探头。

3. 橱窗区　　　　产品展示台、灯光、电源、隔离板。

4. 产品展示区　　储物柜台、照明灯、射灯、电子产品展示区、产品陈列区域划分。

5. 接待收银区　　人员站位、收银柜台陈列、品牌宣传LOGO、灯光、小商品类展示区。

6. 花材陈列区　　储物柜台、花器选择、照明设备、加湿设备、低温设备、特殊花材展示区。

7. 花艺工作区　　花艺操作台、上下水、垃圾处理处、电源、照明设备、包装材料、装饰品。

8. 休息区　　　　休息桌椅、桌面摆件、可阅读物、茶水处、电源、照明、品牌展示。

9. 仓储区　　　　货架、区域分类。

10. 特色展示区　 门前装饰、橱窗展示、地面展示、顶部展示、墙壁展示、屏风展示。

11. 顾客的动态路线设定。

花店装修流程

为了合理地安排和掌握好装修进度，大家在装修花店时，可以参考下面的流程。装修时要有足够多的缓冲时间，避免安装过程中出现意外情况，还要跟进检查好各个装修环节。

1. 对现场进行分析（根据整体空间和经营定位进行区域划分）。

2. 检查空间结构是否安全（留意之前的店主是否有对主体承重墙的破坏）。

3. 检查漏水和淹水的可能性，检查老旧管道及线路，在这个环节中会发现很多老旧管道经常出现问题。

4. 装修前确认好自己的整体展示柜风格及工作台材质，展示台要选择防水材料，因为鲜花很容易在上面留下水渍。同时工作台尽量定制，按照工作台的高度，大约在人的肚脐的位置定制，这样在工作的时候就不会出过度弯腰的现象，避免腰椎受损。

5. 选择设计师和承包单位，花艺师要多和你的设计师沟通，避免一些专业性的问题产生。选择承包单位时要注意检查对方是否有质监机制，并签署好正规合同，明确双方权益与义务。

6. 制作装修效果图、装修线路图、装修配置图，一定要按照相关施工效果图来做参考施工，否则很容易产生差错。店内的各种线路很重要，关系到日后的使用及相关改建。装修的施工配置图最好自己参与其中，可以把自己喜欢的罗列进去。

7. 制定装修工作流程及相关安排，装修不需要你天天盯着，毕竟很少有人能看懂，你只要定期检查工作进度即可，利用这个时间你可以进行开店的前期准备工作。

8. 检查装修后的效果及一个月使用后的问题总结。

9. 装饰店面与安装各种电器，安排好物品相关材料的入驻时间及流程。此外，还要留出室内环境通风时间，避免室内装修产生的气体对人体造成伤害。

花店装修材质选择及注意事项

花店常用装修材质

1. 原木材料	2. 仿石材料
3. 壁纸材料	4. 竹藤材料
5. 亚克力材料	6. 水泥材料
7. 防水漆面	8. 防滑地面
9. 纯木板材	10. 各种铁艺不锈钢

花店装修时应尽量避免使用

1. 木地板	2. 油性漆面家具
3. 水晶灯	4. 大理石地板
5. 瓷砖地板	6. 复合板材

装修材料使用时应特别注意：

原木材料使用时尽量避免在角落或存放鲜花的位置使用。

仿石材料避免在存放鲜花的地方使用，以免花粉染色。

壁纸材料尽量使用中性色彩，避免壁纸色彩影响鲜花产品的效果。

竹藤材料避免在阳光下使用，以防止干燥开裂。

亚克力材料尽量在触手不可及的地方使用，以免擦伤。

在使用铁艺装饰时，尽量使用经过烤漆处理的铁艺，避免漆面脱落。

花店装修注意事项

花店装修时特别要注意的事项

店外

1.注意防水、防火、防盗。

2.停车位的划分，确保花店有自己独立的停车位。

3.门前三包及绿化区域与花店门头的协调配合。

4.门面前的防雨、防风、防晒措施。

5.招牌的安全、牢固性与电源的安全性。

店内

1.橱窗电源充足，防晒。

2.大门处要防蚊虫。

3.店内射灯、照明灯使用冷光灯。

4.店内地面防滑，防潮。

5.工作台要防划，防花粉和防水泡。

6.摄像头要无死角安装。

7.工具、材料的定位区标志。

8.室内网络覆盖。

9.店内地面的倾斜角度。

10.店内无吊顶的情况下要防尘，防漏。

7 / 花材的分类
与养护

插花时花材的分类

当你在插花或做花束的时候，插花的顺序、花的保鲜以及鲜花搭配的协调性该如何选择呢？下面我就跟大家说一说其中的知识点。

首先花材按照形态划分可以分为：线状花材、块状花材、填充花材、异形花材。

通过形态的划分，我们可以在插花的时候根据形状经由点、线、面来进行整体构图，利用块状花材来进行造型点位确定，再利用线状花材，把造型的整体轮廓构架搭建起来，通过填充花材把整体造型填充丰满，最后通过异型花材来作为中心焦点或者点缀装饰进行画龙点睛。

花材按照习性可分为

1 喜阳植物
在阳光下这种植物可以很好地进行光合作用来提供养分，不容易脱水。

2 喜阴植物
不可以忍受阳光直射，容易脱水，所以在花艺制作和产品配送时尽量避免阳光照射。

3 水生植物

在水中或湿地中生长的植物，对于水分需求比较大，一旦水分少，很容易造成脱水。

4 耐旱植物

在土壤和水分缺少时这类植物也可以保持其观赏性，但如果湿度过大，或是水分过多时就很容易造成腐烂。

花材按照属性可分为

如果把花材的属性按照金木水火土五行来进行搭配，就会让大众觉得视觉舒服。就比如白紫色的花材搭配，从颜色上来说，白色郁金香配上紫色勿忘我虽然很好看，但是属性却不合适，会给人带来视觉不协调的效果。那么花材按照属性应如何划分呢？

深色耐旱植物（含水量少的花卉，可以制成干花后保持花形）这一类花属性为金属性。

浅色木本植物和深色草本植物 这两类花属性为木属性。

浅色的草本植物、水生植物、温室植物 这三类花属性为水属性。

浅色草本花卉和深色木本花卉 这两类花属性为火属性。

浅色抗旱植物 这一类花属性为土属性。

大家可以把自己认识的花按照这样的属性进行划分，然后按照色彩进行搭配，这样就可以轻松地搭配出舒服漂亮的鲜花啦。

花材的养护

当鲜花采购回来 · **花材的养护流程**

1. 拆开包装，检查是否有病虫害。

2. 对花枝进行刺和叶清理，去掉泡水部位的叶片。

3. 剪刀斜面切口剪切。

4. 鲜花浸泡在加有保鲜剂的容器中养护。

5. 注意环境：湿度 70% 以上，温度 16℃左右为宜，避免光照，保证通风。

6. 注意喷水时不要对花头喷水，避免花苞授粉。

7. 每天对花材进行擦根并剪切伤口。

8. 对具有观赏性的花材叶片进行清洁。

对于剩余花材的处理方式：

可以通过倒吊风干鲜花来制作干花。

可以通过利用硅胶干燥剂来制作立体干花。

可以通过押花板来制作平面押花。

可以通过甘油处理来制作甘油花。

可以通过精油来制作香包。

可以通过永生 AB 胶来制作永生花。

可以通过树脂 AB 胶来制作树脂花艺。

可以用风干的花卉来制作花艺架构等技术型作品。

花材的生理变化与环境因素

影响花材的生理变化

1 呼吸作用

在光合作用下植物产生有机物，氧化分解成自己所需要的能量，这个过程就是植物的呼吸过程，也是通俗理解的吸收二氧化碳释放氧气。而在低温下，植物的热能排放会相对减少，减慢呼吸过程，从而起到延长花期的效果，但温度每提高 10℃，植物的呼吸过程就会增加 2～3 倍，从而使植物很容易产生脱水现象。

2 水分调节

鲜切花的花、茎、叶都具备水分调节功能，在植物脱水的时候，需要剪根，扩大根部的吸水面，同时把整株植物浸泡在水中，一般情况下 30 分钟左右就可以恢复。

植物的茎秆长期浸泡在水中的时候会产生大量的微生物，如果花瓶水不及时更换，大量的微生物堵塞植物疏导水分的管道，就会造成植物脱水，所以植物需要每天剪根换水。

在剪切的过程中，传统剪刀会与植物的切口发生氧化，产生果胶一类的沉积物堵塞疏导管，同时普通剪刀的上下作用力会让空气挤入疏导管中，造成气栓，导致脱水。所以一般建议在水中剪切或者用插花刀削断花枝。

另外，植物的根部长期浸泡在水中会造成植物的细胞渗透浓度降低，容易产生根部腐烂的现象，这也会造成植物脱水。

3 化学成分的内部结构变化

花瓣中含有两种主要色素，即胡萝卜素和花色素苷。这两种色素会随着时间的推移使得花瓣衰老，此外，花朵在授粉后或在乙烯的环境下，也会加速衰老。而蔗糖能够有效地保持线颗粒体结构，可以有效地延长切花的寿命。

影响鲜切花花期的七个因素：

1. 光照   2. 温度   3. 养分   4. 水质

5. 湿度   6. 乙烯   7. 病虫害

花材对乙烯的敏感性

花店里哪来的乙烯呢？

乙烯其实是一种气体激素，也是植物在生长过程中释放的一种天然代谢产物，在我们的日常生活中也常有很多乙烯产品，比如橡胶制品、塑料制品、乙醇酒精等。乙烯的化学成分是由 2 个碳原子和 4 个氢原子组成的化合物，对植物有着很强的催熟效果，当植物周边的乙烯含量过高的时候，很容易造成鲜花开放速度变快，加速衰老，进而花瓣脱落。

花店的鲜花在受到机械损伤、病虫害、温度达到 30℃ 以上或是缺水都会使植物产生乙烯速度加快。一天当中乙烯在中午的时候达到释放高峰，20℃以下时，大部分切花 1 小时产生 0.1 微升 / 千克，而苹果和香蕉 1 小时约产生 100 微升 / 千克，是鲜花乙烯释放量的 1000 倍，所以在鲜花周边摆放大量水果会促使鲜花开放速度变快。

除了鲜花本身产生乙烯以外，我们生活中的塑料制品、颜料染料、装修材料、树脂材料如果质量低劣的话，在高温或光照下也会释放大量乙烯，这种工业的聚乙烯不仅促使植物开花速度变快，还会对人体造成很大伤害，世界卫生组织国际癌症研究机构已把它列入三大类致癌物质清单中。

所以建议大家在花店里减少这类物品的使用，预防和减少鲜花的乙烯释放。

鲜花保鲜药剂的成分

常见鲜花保鲜药剂的 5 种成分

1. 碳水化合物　　　　　2. 杀菌剂　　　　　3. 乙烯抑制剂

4. 生长调节剂　　　　　5. 其他延长寿命的化合物

碳水化合物主要成分

蔗糖或葡萄糖 | 果糖

生长调节剂主要成分

脱落酸 | 比久 (B-9) | 矮壮素 (CCC)

杀菌剂主要成分

硝酸银 | 柠檬酸 | 硫酸盐

其他延长寿命的化合物

各种盐类可增加植物细胞的渗透浓度

乙烯抑制剂主要成分

硫代硫酸银

　　以上这些就是市面上出售的保鲜药剂的主要成分，而不同的花卉对应的各种保鲜药剂成分是不同的，有些主要是促进植物喜水，确保容易脱水的花卉可以吸水充足；有些则是降低渗透浓度的。总之不同成分的保鲜药剂要针对不同花卉，而不能轻易混合使用，避免造成植物疏导管组织堵塞。

　　相对来说，花店浸泡保鲜药剂的水质也很关键，城市里的自来水是通过大量碱性物质进行过滤的，水中含碱量过高。最适合养花的水，pH 值为 3 ～ 4，这样可以促进药剂溶解，便于植物吸收水分，也可以很好地保持花的新鲜。

民间常见的鲜花保鲜方法真相

在民间流传着很多鲜花保鲜的方法，下面就来给大家解开其中的奥秘。

民间常见保鲜方法有

1. 糖   2. 盐   3. 醋
4. 阿司匹林（苯甲酸）   5. 白酒   6. 84 消毒液

通过上面给大家介绍过的保鲜知识，我们不难看出其中的奥秘。

在花瓶里放入少量糖，主要是增加碳水化合物，减少植物类胡萝卜素和花色素苷分裂。

在花瓶里放入少量盐，盐本身没有保鲜效果，但它可以增加细胞浓度和细胞活跃度，便于鲜花更好地吸收水分。

在花瓶里放入少量醋，醋也不是保鲜药剂，它的功能主要是改变水的 pH 值。

在花瓶中放入阿司匹林，可以杀菌和增加细胞生长。

在花瓶中放入少量白酒，白酒本身对花没有任何好处，但可以让花店里的花开放得更香，坏处就是鲜花开放速度加快。

在花瓶中放入少量 84 消毒液，主要是给容器进行消毒，这样可以减少容器内部有腐烂的恶臭味，当然这是在植物不具备叶片观赏价值的前提下。

鲜花品种目录表的设计

给自己的花店设计一份每个月的鲜花品种目录表，然后根据自己的进货渠道，把当月自己可以掌握的所有鲜花品种详细录入到里面。比如说红玫瑰市面上一共有 18 个品种，你可以分别录入，然后详细地记录好这个信息，到第二个月的时候，只需要更改价格和备注即可。当有新品种上市，或花期结束的品种都要一一标明，这样的工作习惯，可以帮助你时刻了解自己所掌握的资源，同时，这个目录表记录得越多，对于自己花店的进货、产品设计、促销活动，以及营销都会有很大的帮助。

下面用表格简单地给大家做个演示。

×年×月鲜花品种目录表							
分类	品种	颜色	规格	单位	数量	年均价	节日前后价格浮动
花材	卡罗拉	红色	70cm	扎	20枝	35～45元	60～80元
	满天星	白色	60cm	扎	1千克	50元	50～120元
叶材							
果实							
枝干							

除了要准备这个表格外，建议另外再准备一个图库，里面对应这个表格里的花材品种，方便大家放大识别对应品种。

花店花材的养护注意事项

花店里虽然有常规的花材养护流程，但是每一种花根据它的习性不同也会有很多细节，还有很多特别需要注意的事项。下面就跟大家详细说说一些花店常见花卉的养护事项。

花店常见花卉的养护事项

1 玫瑰花

玫瑰花的养护需特别注意，不能对花头喷水，否则在空气不流通的情况下很容易腐烂；在花朵最外层护瓣没有腐烂的情况下，尽量不要摘掉护瓣，防止鲜花释放乙烯；外部压力减小也会造成玫瑰开放速度变快。在去刺时不要造成表皮破损，否则容易感染茎腐病，造成表皮疏导管受损而使玫瑰花出现脱水现象。

2 绣球花

很多人养护绣球花的时候都要在伤口上沾上明矾，这样可以让绣球花不容易脱水，原因是明矾（十二水合硫酸铝钾），溶于水后电离产生了 Al^{3+}，Al^{3+} 与水电离产生的 OH^- 结合生成了氢氧化铝，氢氧化铝胶体粒子带有正电荷，与带负电的泥沙胶粒相遇，彼此电荷被中和。失去了电荷的胶粒，很快就会聚结在一起，粒子越结越大，最终沉入水底。这样，水就变得清澈干净了，也便于绣球吸水。当然保险的话也可以在茎秆尾端剪成十字伤口，扩大吸水面，就可以让绣球更好地吸水了。

3 康乃馨

康乃馨在去掉叶片时不可以由上往下撕，需要从左往右撕掉。由于康乃馨是关节型花材，这种花材的叶片有起到保护关节的效果。如果从上往下去掉很容易造成关节裸露，在制作花艺的时候很容易造成花枝折断。

4 满天星

这种花材茎秆纤细，从根部对花枝的水分输送只能保证鲜花正常开放，但没有足够的湿度提供给花朵，而且满天星的花叶片很纤细，数量又比较少，也没有大量的水分蒸发。所以在养护的时候需要用塑料袋罩住花头，这样可以增加湿度，从而保证花朵的正常开放，但不要喷水在花头上，这样易造成腐烂。

5 百合花

在进货的时候，大家大多选择花苞状态的百合，所以在养护的时候要保证切口面积，增加少量葡萄糖，便于花苞开放。由于其叶片比较多，建议在确保观赏性的情况下多去掉一些叶片，避免叶片与花争夺水分。北方的冬季，室内温度很高，要在百合花附近使用加湿器，减少由于湿度不够而导致花苞枯死。

6 尤加利

尤加利只要从母体上切下来，就很容易造成干尖，主要是因为湿度不够。所以要在尤加利叶片上喷水，并且要用塑料袋包裹，每天打开空气流通一下，这样就可以保证尤加利叶尖新鲜了。

7 非洲菊

非洲菊一般都是在关节的位置有大量的活跃细胞组织，由于它单秆单关节，进货回来后不要剪根，直接把它放到水中就可以。浸泡时，水不要太多，在容器中有四分之一的水量就可以了。因为水中微生物的繁殖易造成茎秆腐烂，建议在水中添加一些杀菌剂或84消毒液。

8 郁金香

郁金香的叶片上有一层薄膜可以起到对叶片及茎秆的保护作用。在去掉叶片的时候，不要上下撕掉，要由左往右去掉叶片，这样可以防止保护膜被伤害。由于郁金香是沙土种植，在叶片根部的位置有少量的沙土，去掉叶片后，要及时对根部进行清洗。

9 紫罗兰

紫罗兰在国内进货的时候很多花都会带着根，如果遇见了，不要剪根，直接放入水中养护就可以了；如果没有带根，可以正常养护。修剪时，建议尽量不要使用斜剪口处理，使用平口处理即可。紫罗兰容易腐烂，所以放入花瓶中时花材不要拥挤，而且还要保证周边湿度，否则容易干枯。

10 勿忘我

很多人都觉得勿忘我可以做干花，于是不放水或者放水特别少来进行养护。其实勿忘我在新鲜的时候效果最好，建议用装勿忘我的容器四分之一的水量养护，防止腐烂可以用保鲜剂或 84 消毒液处理，这样的勿忘我可以新鲜地存放很久。

11 花毛茛

花毛茛进货的时候基本都是花苞，但由于茎秆中空无法存水或保持养分，如果水质不清新就会造成花脱水。所以在养护花毛茛的时候可以在水中放入一些明矾或盐，增加细胞浓度以防止脱水，同时建议用花艺 20 号铁丝由花头顶部插入到茎秆中，这样可以让花彻底开放且不会使花头弯曲了。

12 大丽花

绝大多数大丽花都是非常喜欢水的，建议至少用二分之一容器的水量养护，并且保持水质清新，茎秆中也最好插入铁丝防止花头脱水，同时要保证周边环境的湿度，这样才可以让大丽花新鲜地开放很久。

　　在花店里常见的花卉中基本每一种花都有一些细节不同的养护方式，如果你认真对待你的鲜花，就会发现，实际上很多鲜花的花期都可以保持很久。其实花店里很多花不是花期结束而枯萎，而是水分不够、水质不新鲜、空气湿度不够、植物吸水太多或太少造成的。珍爱你的每一枝花吧，它们为你而生，为你而死，不要辜负了它们的生命。

8 / 打造花店好产品
设计的技巧

花店产品与作品的区别

产品与作品的区分在于

产品是用来销售的，作品是用来欣赏的。

产品与作品的需求不同

产品追求的是商品量产化，作品追求的是艺术视觉上的冲击力。

产品与作品的创新原则不同

产品以数据分析为前提创新，作品以技术想法为前提创新。

产品是收敛，作品是张扬

产品是要让很多人都能接受的视觉效果，作品是在张扬中去寻找与艺术共鸣的人群。

产品是作品的优化，作品是产品的延伸

作品的艺术特点可以作为产品取其精华来进行特色放大。而当产品受到大家追捧的时候，作品需要通过产品的特点进行艺术加工，通过各种技法对产品进行夸张表现。

产品与作品的收益不同

产品是通过量产薄利来获得收益，作品是通过艺术共鸣而获取艺术暴利。

产品与作品的产量不同

花店的产品要做到每天每小时的量化复制，而作品追求的是精益求精的完美制作。

产品是以简化为优先，作品是以技法繁杂而优先

简单直接的客户需求满足才是王道，作品不创新技法，不用更多的技法，自己都不好意思说自己是花艺师。

顾客对产品和作品的态度不同

当顾客遇见产品的时候，第一个想法是多少钱，我要不要买。顾客遇见作品的时候，第一个想法是这个很艺术，完了，很难有冲动去直接询问艺术品是否出售，或售价几何。

花店产品种类有哪些

常见的花店的产品种类

1. 日常花束

2. 花篮

3. 花礼盒

4. 非鲜花类花束 / 水果花束、玩偶花束等

5. 水果花篮 / 水果和鲜花的组合

6. 瓶装花 / 各种家庭的花瓶组合花艺

7. 绿植 / 年宵花、绿植单品、绿植景观等

8. 干花花艺

9. 仿真花艺

10. 押花花艺

11. 永生花产品

12. 浮油花

13. 树脂密封花

14. 手工花

花店产品设计前的分析

花店产品在设计前需要由设计者与销售人员、管理人员沟通产品的形态及种类。

产品设计者与销售人员探讨产品的色彩运用，整体色彩要符合当下的顾客需求与喜好。

产品设计者需要参考经典产品来设计保留型产品，通过综合分析设计流行产品，同时也要根据营销主题设计主题型产品。在整体产品设计中要体现噱头产品、热卖产品和经典产品的特点。

销售人员在预计产品的销售数量后，设计者要安排好产品制作流程，确保每一款产品的可复制性。

设计者要确认产品的规格及外包装，设计好产品的整体尺寸，便于第三方物流配送。

当产品种类丰富的时候要确认产品的配送方式，包括自行配送、合作点领取、第三方配送。

产品设计者要确认产品的设计时间，在规定时间内完成整体的产品设计系列。

产品设计前要确认产品设计思路。

罗列针对产品设计的相关参考资料有哪些，方便后期广告宣传时使用。

产品设计时需要哪些技法与创意点，在选择的时候就是产品的卖点特色，便于推广和销售。

产品设计中要加入的感性和环境因素有哪些，这些要提前规划好。

花店产品设计前的市场调查

花店在做任何产品设计前都要做好市场调查与分析，市场调查主要包括

1 了解上一季度及最近几年的销售时间点的销售情况，通过销售分析确定今年的鲜花订单基础量。

2 近期顾客对产品色彩有什么偏重，顾客购买鲜花或者是当下话题类的流行色有哪些，通过近期天气、流行话题、节日主题、顾客购买频率的色彩来确定产品的主色调。

3 调查顾客对目前花店产品的满意度。对近三个月购买鲜花的顾客进行回访，了解顾客对花店产品服务的满意度。通过回访可以知道潜在的客户需求，也可以加深顾客对品牌的了解。

4 清楚了解目前自己的花店可针对的产品销售渠道有哪些，已经建立了多少条销售渠道，每一条销售渠道日常带来的客户订单有多少，预计在节日时订单会增加多少。

5 了解销售季节都有哪些花材可以选择，查看自己的鲜花品种月份登记表，查找销售季节的应季花卉品种，与原产地花农沟通品种产量与新品种的上市时间。

6 了解近期新的包装材料与容器辅材的种类，关注当下知名品牌的包装资材 App 及官网，确认新款包装及辅材。

7 预计社会会流行的话题及关注点，通过新闻及电影电视剧的预告，预判将会流行的话题或关注点，从而设计相对的产品及主题。

8 考虑团队的执行力与产品的复制性，自己花店目前的团队在宣传、销售、制作、配送的整体执行力有多少，自己产品设计出来后，由哪个团队进行复制，每天日常工作的复制量有多少。

通过以上的市场调查数据与分析结果来作为产品设计的主要参考，就可以很清楚地了解顾客喜好、流行颜色、流行话题、订单数量与团队生产量，做到准备全面。

花店产品设计流程

在通过产品设计前的沟通与调查，并确认了客户需求与设计形态后，花店的设计师就可以开始设计产品了。

产品设计流程的建议

1. 写出产品设计思路，确认产品符合需求。

2. 绘制设计草图，并及时查漏补缺，完善自己的设计。

3. 草图设计后找出产品特点，以便销售人员根据产品特点来制定营销策划的行动方案。

4. 使用根据市场分析后采用的应季花材品种作为主要的花材，选择品种的时候要考虑鲜花的习性，确保产品有较长的观赏时间及鲜花的抗寒、抗热、抗风性。

5. 通过市场调查，选择当下即将流行的包装材料及辅材，并寻找相关搭配的装饰品单独采购，以便突出自己的产品特色。

6. 产品在整体制作时要考虑产品的尺寸规格，方便进行统一包装。

7. 产品制作完成后，进行拍照处理。需要在纯色背景下、场景背景下、人物手持实物产品情况下拍摄三套，每套照片不少于10个角度的拍摄取景。同时也要拍摄制作过程，及产品成品的小视频，便于后期宣传使用。

8. 设计师需要把整个制作过程的步骤逐一罗列出来，同时要把相对应的难点和标准注明，方便制作团队的批量复制。

9. 对整个产品设计的相关参考资料进行整理，方便后期宣传。

10. 产品在整个设计中的感性和环境因素都要有所设计，方便销售团队进行营销策略的制定。

11. 通过拍照和拍摄效果来制定对应的产品销售文案。

12. 产品外卖包装的尺寸规格制定与包装标志的设计制作需要配套完成。

13. 产品设计后需要在小范围内进行产品推广，在产品生产和配送过程中检查产品的观赏效果。

14. 小范围推广后根据市场总结和客户体验找出产品的优缺点，再进行产品更改。

15. 产品定型后制定好产品制作流程与生产质量标准。

通过这样的一个流程，花店的花艺设计师设计出来的产品就有很大可能会被顾客大量接受，从而减少花店不必要的材料损失与顾客损失，同时也通过对产品品种和数量的有效把握，减少不必要的成本浪费。一家好的花店不是要每天去变换自己的造型，而是要经常给顾客推出符合客户需求的特色产品。花店需要的不是一个人买我 1000 种产品，而是需要如何让一个人买我的一种产品 1000 次。

什么才是花店好的设计产品

一家花店的经典产品需要设计师不断地去创新，在创新的基础上遵循以市场调查为原则，以客户需求为要求的严谨设计态度，去设计创新性产品。

任何好的产品设计都是以符合客户需求为优先的，一旦自己的感官意识与顾客需求发生冲突，都是以围绕顾客需求为重心来设计产品。

一款好的产品设计是唯美的，是赏心悦目的，好的产品要让 90% 以上的人喜欢，而不是追求个性艺术。

一个好的产品放在展台上，即便没有销售人员，也会吸引顾客来购买，因为产品本身会说话。

很多时候，一款经典的花艺产品可以让顾客在感官上得到美好效果的加持，让自己有一种心动的感觉。

花是美丽的，花艺产品是诚实的，不需要欺骗，每一个人都可以感受到这种产品诚实的内在美。

最经典的产品，可以让很多顾客永久性地喜欢，进而产生多次购买的欲望。

任何优秀的产品设计都需要周密和严谨的思考，那偶然的灵感需要你千万次的积累，才可以迸发出独特的创意。

作为一名优秀的花艺师，在设计花艺作品时候都会考虑生态环保，大爱无疆，有一颗大爱之心才可以设计出让人感动的作品。

无论你设计多少种产品，而最终一切都是回归极简，回归本质的。好的产品不是随意性的，需要谦卑地对待每一枝花，大爱自己的生活，感恩顾客对自己的选择，以严谨的态度去设计产品，这样你的花店才会有很多经典的产品，并拥有很强的技术核心。

花店产品设计注意事项

在设计花店产品时，我们需要特别注意以下几点

1. 很多时候我们的花艺产品会因为销售时间的改变而有所不同，所以要考虑在销售过程中对产品的养护。

2. 产品会因为环境、展示形式和方式的不同而有不同的效果，同样的产品在白色冷光下会是一种效果，暖光下又会是另一种效果，而且在白墙前、花丛前、柜台上、柜台内分别有着不同的感官效果。

3. 产品的销售路径很关键，俗话说得好，你一个人的能力再强也干不过100个人，因而通过哪些渠道销售你的花艺产品就显得很关键。

4. 鲜花产品在制作前需要对所有花材进行全面的净花处理，任何细节都需要严格关注，而且制作过程中都需要通过拍照来寻找产品制作的整体不同。

5. 鲜花产品在配送前一定要做好充足的防护，哪怕是在外包装上对花朵的轻微挤压，都会在配送过程中对花造成二次伤害，牢固的中空包装适合花艺产品包装。

6. 任何产品设计都要考虑好自己的团队执行力，不要接超过自己执行力的订单，防止顾客投诉与流失。

7. 产品不仅仅是只有销售，还有服务，要针对自己的花艺产品设计好售后服务，方便更好地维护客户。

花艺产品的色彩搭配技巧

说到花艺产品色彩的搭配，很多人就会想到美术上的色环图，大家可以通过网络搜索色环图进行观察。建议大家先关注色彩的色相，色相其实简单地说就是我们看见的颜色：红色、黄色、蓝色，单一色彩的表现就是色相。了解了色相，在花艺搭配中，你就可以通过色彩的明度和彩度来进行同色系的花艺搭配或者是近似色的花艺搭配。

色相搭配　如何更好地进行

1 同色相搭配。同色相搭配的花艺，给人一种简单大气的高阶感，使用这样的色相搭配的花艺产品都不容易出错。

2 掌握色相明度，明度指的是色彩含白色多少来代表色彩的光亮度；彩度是指色彩中含有黑色多少来代表花的鲜艳度。再通俗一点解释，即为浅色或深色的搭配就是明度不同的色系搭配。

3 掌握色相的彩度，彩度也称为饱和度，彩度主要是根据色彩中加入的灰色程度来决定彩度的变化，而在花艺色彩搭配中，整体用由深色到浅色的搭配色相就是彩度的搭配方法。多色彩、饱和度相同，又是浅色调的搭配方式，就是我们所说的小清新感觉。这种色彩搭配中过渡色要尽量使用白色系，深绿色和其他同色系较深的颜色尽量避免使用，不然色彩就会形成互补色或对比色的效果了。

当然在各种色彩搭配中还包括对比色、互补色、类似色、中度色的搭配方式，不过初学者只要掌握好前期的这三种色彩元素的运用就可以了。花的色彩不同于服装颜色，其中即便是同一种花在不同的环境下色值也会有不同的效果，但有一种比较简单的处理方式就是在色相、明度、彩度中选择一种方式搭配，然后搭配出让视觉柔和的颜色即可，这样就可以满足大多数顾客的需求，而非主流颜色和强烈的对比色。在你熟练运用好色彩三要素后，再进一步学习这些搭配才合适。

在花艺的色彩搭配中不要考虑太多色彩配色的色调和明度，以及色相之间的灰色比例，这样很容易让初学者感到头晕。大家前期尽量学会使用简单的色相同色系搭配、明度不同的互补色搭配，以及彩度相同的邻近色系搭配，这样就可以做出很漂亮的色彩搭配作品了。

花有百花，百花有百色，同一色彩的花材在色彩搭配中都还有质感与含水量的不同，这个也会呈现出截然不同的效果。色值很多时候无法用肉眼去判定具体数值，但所有人都可以通过色彩搭配来感受色值的柔和程度。如今已经没有绝对的禁忌颜色搭配，有的只是喜欢某种颜色的人群多少而已。

9 / 增加客流量的营销心理学

花店销售人员的营销思维

作为花店的一名销售人员，在销售的过程中一定要学会换位思考和预判思维，也就是当顾客将要进入花店的时候，我们要清楚顾客会有哪些问题和需求，顾客最关注的是哪些，清楚如何去给顾客解决这些问题。

当顾客在购买鲜花的时候

1 顾客第一关注点会是色彩

要学会询问顾客需求的同时，问清顾客对哪种色彩比较喜欢，在顾客喜欢的色彩里选花，很容易获得顾客的好感。

2 最有特色的花

找出店内最有特色的花以吸引顾客视线，无论顾客是否喜欢这种花，大家都有猎奇的心理，只要是没见过的都会引起关注，而顾客在关注这种新奇花的时候，也是我们对顾客进行二次分析的时候，看顾客表情可以了解其是否需要购买这种奇特花卉。如果顾客对这种花很喜欢并想购买，那么你就可以陆续向顾客推荐更多品种的花卉；而当顾客对这种奇特的花不感兴趣的时候，要了解并选择顾客喜欢的颜色花卉来寻求顾客肯定。

3 为顾客推荐有香味的花

大家在收到花时，一般第一个行为都是去闻闻花香，所以以这种方式进行推销，很容易让顾客对有香味的花卉产生兴趣，并选择购买。

4 顾客会选择有意义的花

对于一个销售人员来说，在了解顾客需求和送花目的的时候，就可以及时地找出符合顾客目的的花语和相对应的鲜花。

5 顾客在花店里的消费

一般顾客在进入花店的时候就已经通过店面大小及装饰档次有了一个心理预估价，为了让顾客可以更多地去消费，销售人员在价钱上应尽量先推荐比较低价的花卉。当顾客觉得没有花很多钱时，销售人员再向顾客推荐一些有意义的高价位花卉，这样很容易让顾客接受超出心理价位的产品。

6 让顾客成为你的老顾客

销售人员要学会帮顾客省钱，在之前的选择中可以去掉一些便宜的花卉，或者在最后价格上给顾客一种会员制的价格折扣，再制作一些小装饰品，作为赠品赠送给顾客，让顾客感觉自己花了最少的钱买到了最好的花。

通过以上六点，我们的销售人员不仅可以销售一种高价位产品，还可能获得一个老顾客，这就要求销售人员要有营销思维，学会站在顾客的角度去分析问题，并解决问题，只有这样，才能让自己的花店获得利益的最大化。

花店对待不同顾客的营销模式

作为花店的销售人员，其实我们就是一名演员，要演好顾客心中的朋友角色。

1 对新顾客销售人员卖的是礼貌

俗话说，伸手不打笑脸人。当遇见陌生人时，微笑就是最好的打招呼方式，在不了解顾客的时候微笑是服务的基本准则。

2 对老顾客销售人员卖的是热情

当我们看见眼熟的顾客进门时，就要第一时间用热情的态度去招待顾客，让顾客感觉我们对他是关注的，这样的话与顾客的好感度就很容易建立起来了。

3 对着急的顾客销售人员卖的是时间

这里说的时间是永远都遵循 5 分钟定律，5 分钟是顾客可以容忍的等待时间，那么在这一刻我们就需要给出一种可以很快的感觉。但自己在内心一定要稳，而不能让自己随着顾客的心情着急，要知道你无论多快做出花艺产品，顾客都会觉得慢。你觉得顾客对你的产品是感到很慢而且很差，还是感到很慢但产品很好呢？所以无论顾客多么着急但你不能着急，时间过得很快，在你这里耽误了 10 分钟，顾客就没有时间去其他地方耽误了，所以他只能不停地催你。但只要你能安心地把花束做好，顾客下次还会来，而且会知道提前来。如果你被顾客影响了，不好意思，顾客就很难再来了，5

分钟，3 分钟，2 分钟，1 分钟，四段时间就是对顾客四次的回答，当然你的 5 分钟也许就是 10 分钟，你的 3 分钟也许就是 6 分钟，这样你有足够的时间把花束做好，质量在这里是第一要素。

4 对慢性子的顾客销售人员卖的是耐心

一个慢节奏的顾客本身也知道自己的性格问题，所以当其他销售人员对其冷漠时，一个耐心的销售人员就是他最好的朋友了，且这种慢节奏的顾客忠诚度很高，因为很难遇见合适的销售人员，所以对待这种顾客耐心才是最好的服务。

5 对有钱顾客销售人员卖的是尊贵

遇见有钱的顾客不要两眼放光地想要多赚顾客的钱，而是要想着如何让顾客感受到尊贵的服务和与众不同的服务细节。今天这个有钱人可能只买了 50 元的鲜花，但只要这个顾客认可你，也许此后几万的订单都会来找你。但如果你不断向他推荐你的高端产品，就会让他觉得你是在想尽一切办法赚他的钱，那么他一定不会再来你店里消费，因为这家店太市侩了。

6 对钱少的顾客销售人员卖的是实惠

一个普通的老百姓或者一位大妈来买你的鲜花，实实在在的服务和实惠的价格，就可以赢得他们的认可。你觉得赚钱少了，其实你赚到了别人的信任，而这比金钱更重要。钱少的顾客在你这里占到便宜，得到实惠，他们一定会积极地帮你宣传和推荐，甚至还会为你带来更多的订单，要知道董事长不会自己去买花，一般都是秘书或司机去买的。此外，甚至保洁阿姨也可以为你带来更高端的客户。

7 对时髦顾客销售人员卖的是时尚

遇见一个很时尚的顾客，你也要拿出自己店里最时尚的产品和时尚的服务。时尚不是一定要让自己奢华，而是一种自信。与顾客交流的话题可以引到你熟悉的领域和你平时积累的时尚信息，产品一定不是常规款，时尚一定不要撞衫产品，所以对这类顾客最好的销售方式就是自信地推荐你店里的个性产品或定制产品。

8 对专业顾客销售人员卖的是专业

很多时候，来花店的顾客会告诉你他也学习过花艺，或者开过花店，这个时候你要去肯定对方，让顾客谈谈花里的知识，自己再发发行业工作劳累与辛苦的牢骚，当顾客承认你的辛苦和劳累后再报价，便不再好意思讨价还价。再次象征性地给点小实惠，就可以锁定这种顾客成为你的老顾客了。

9 对豪爽型顾客销售人员卖的是仗义

有人的地方就有江湖，有江湖的地方就有豪侠。遇见豪爽的顾客切记不要算小账，报价不要带零头，简单直接，干净利索，吃亏求义气，这样你就可以赢得这种顾客的好感，情谊重，义气当先，钱就不成问题了，那么多少也就好办了，不是吗？

10 对吝啬的顾客销售人员卖的是利益

人生形色总有吝啬的，这种顾客需要给他把报价做细，越细越好算账，每一笔又有哪些价值，买这种花可以得到哪些好处。比如，买花束，送代金券或送小礼品；办会员卡返现金，返的现金存卡里，下次可以和代金券一起使用……看似我们吃亏了，但是这里面省掉了砍价环节，同时锁定顾客，并为其下一次消费埋下了伏笔，自然而然又多了一名老顾客。

花店销售中顾客的心理

花店的销售人员要清楚如何去了解和掌握顾客的心理需求。

1. 顾客希望被重视

2. 顾客希望自己选的产品与花有品位

3. 顾客喜欢倾听和理解

4. 顾客在购买前的感觉值

5. 顾客是根据情绪购买，但逻辑上为自己辩护

6. 顾客的注意力持续时间很短

7. 顾客喜欢听真心话

8. 顾客喜欢教导别人

9. 顾客要的不是便宜，而是感到占了便宜

10. 顾客砍价的时候，不要与其讨论价格，而是谈论价值

11. 顾客永远是对的，不对的只是我们的服务方法

12. 顾客买什么东西不重要，重要的是你怎么卖给他

13. 顾客找的不是最好的产品，而是找最适合的产品

关于以上 13 点，你该如何去做呢？

根据上述分析，你可以设计出几套花店销售的引导词，当销售人员面对顾客时也就有了依靠和方法借鉴，从而能更好地让花店销售人员知道如何去销售产品。

举例说明

顾客常会说：某某花店的花比你家的好，价格还便宜。

如果你在这个时候和顾客争论这个话题，那么这个订单很难达成。

解决方法

反问顾客：您一定很了解花，也知道哪家花店的花好，您觉得那家花店的花都哪里好呢？顾客回答后，你要很淡定地说：我也觉得他们这些方面做得不错。不过，这些我们花店也具备哦，除此之外，我们还有……

在肯定别人的同时也肯定顾客，但在此基础上我们还有更多的服务、细节、产品特色，在同等鲜花质量下，我们的花艺价值有多高，花艺师价值有多高，通过价值让顾客明白，两者之间的实力与产品价格是相等的。

花店老顾客的价值

花店通常是一种以口碑营销的线下实体店，虽然有很多的互联网花店和其他各种营销方式，但花店本身其实是人与人之间表达善意与礼貌的交流平台，在店里人们喜欢通过视觉去选择鲜花，通过嗅觉去闻鲜花，通过触觉去感受鲜花，并获得自己满意的鲜花产品。顾客很乐意把这种感觉分享给其他人，而花店的生存往往是靠老顾客的多次分享而为我们建立起自己的花店口碑。

对于一家花店来讲，老顾客的价值是非常非常高的。

1. 发展一名新顾客的成本是挽留一名老顾客的 3 ～ 10 倍。

2. 客户忠诚度下降 5%，花店的利润将下降 25%。

3. 向新顾客推销产品的成功率是 15%，向老顾客推销产品的成功率是 50%。

4. 如果将每年花店的客户保持率增加 5%，利润将会达到 25% ～ 85%。

5. 60% 的新顾客来自老顾客的推荐。

6. 20% 的老顾客会带来 80% 的利润。

所以，请各位店主在花店的经营过程中认真对待自己的老顾客，不要轻易丢掉任何一个老顾客，哪怕老顾客每次只买一枝花。

留住新顾客的店内营销四招

1 **新顾客进店后，要给顾客留出 15 秒的时间**

在顾客停留 15 秒的时间里，可以让顾客有足够的时间对你的花店进行扫描式的浏览，同时也是销售人员对顾客的综合分析时间，确认顾客是否将购买产品，具备多少价值的消费能力，顾客的品位及喜好有哪些，顾客属于哪种性格，然后根据自己的分析调整好销售状态再去接待顾客。

2 **说好开场白，吸引顾客**

赞扬顾客：遇见漂亮的就赞其美丽或帅气，遇见长相一般的就说可爱或有气质，还可以赞扬有个性、有味道、有品位、有艺术气息。赞扬往往是一个销售人员最好的开场白。

介绍产品特色：花艺产品最大的特色和新品种的介绍，包括设计风格、作品创意技巧、花艺产品的花语或文化理念，但严禁使用夸张性的自我吹嘘。另外，可以通过产品品种及制作过程中的趣闻对顾客进行讲解。

3 **在合适的时机再接近顾客**

顾客长时间关注某一件产品时，证明顾客对这个商品很感兴趣，应当主动介绍这个产品的特色及设计理念，以及相似风格产品。顾客抬头寻找销售人员帮助时，就表明其基本有很大购买意愿了，在这个时候要特别注意，需要先回答顾客问题再去介绍商品，因为你很难在 5 秒钟内介绍好你的产品，而顾客 5 秒钟内没有得到他想要的答案就会对你的服务产生排斥心理。

顾客主动选花时，一般已经确认了购买意愿，而销售人员需要做的就是协助顾客完成选花过程，并在确认顾客用途后介绍相关搭配花材及附加周边产品。

顾客和同伴评论某样商品时，要等他们讲到某一段落时，再对顾客介绍此款产品，严禁半途打断顾客之间说话。即便顾客是在否定这款产品，也要耐心等待，最后肯定顾客的意见，并给出对应的改进或建议。

顾客在店内左顾右盼的时候，表明其没有第一时间发现自己的需求。此时，店员需要先询问顾客的需求，然后再指引对应的产品。当顾客的需求无法立刻满足时，可建议顾客做最短时间的等待，并为顾客制作产品或预订产品。

4 主动推荐相关产品

顾客无论是否购买产品都勿忘对其进行周边产品的推荐，比如，向买花束的顾客推荐花瓶；向买花自己回家插的顾客推荐保鲜药剂；向买鲜花装饰品的顾客推荐配套鲜花；向买花篮的顾客推荐装饰品。通过这样的相关推荐，很容易促成顾客的多次消费。

花店如何服务好老顾客

在日常经营中，每一家花店都会服务很多的顾客，其中有很多老顾客。但是有时候，你会发现很多老顾客没有选择你，这是因为什么呢？

1. 竞争对手取代了你。
2. 客户得到了糟糕的服务（或者说你给的服务不到位）。
3. 你的产品质量下降（花艺技术或容器资材）。
4. 客户需求发生了改变。

我们要如何服务好自己的老顾客呢

1 建立客户数据库

姓名、电话、性别、地址、购物记录（这些要详细记录，包括顾客购买的产品、用途、消费金额、回访顾客的满意度等）、生日、家庭状况、个人及家庭成员喜好、特别事件及特别关注、工作及工作职位。

2 持续地交流与沟通建立感情

通过微信可以建立起自己花店的会员群，并且要经常在群里发布一些话题与大家交流，内容可以包含花艺教学作品、花卉小知识、最新趣闻笑话、时尚消息、最近八卦、主题话题等。

3 满足顾客的"优越感"，如：折扣、优先购买、会员商品、面子工程

会员顾客生日及家人朋友生日的福利，也可以定期抽奖形式送出幸运的折扣代金券，定期开展会员日免费商品或折扣商品的互动活动。

4 融入品牌文化、商品文化、趣闻知识，给顾客提供更多价值

可以制作电子会员月刊，加强顾客对你的品牌及产品的关注度，同时可以为会员开通转介绍赚取现金及折扣的活动，增加顾客的收益。

通过顾客档案的建立，时刻了解顾客对我们的认可程度，通过交流维系感情，利用小礼品、小商品抓住顾客眼球，用相关利益与顾客进行捆绑，这样老顾客就会稳步地逐渐增长。

10 / 为花店免费引流的营销方法

花店的免费体验

对于新开花店的朋友，很多人想到的促销模式往往都是通过打折、优惠、降价来吸引顾客。当你想加快发展自己生意的时候，也会用同样的方式来引流。如果你能学会以下的方法，我相信你就会多几种方式来帮自己做好花店生意，但如果你的竞争对手也学会了这些模式，你就要小心了，因为我们的模式就是"免费"。

首先，我们开展免费的体验模式来做客户引流。

比如，当顾客在我的花店消费 300 元产品的时候，我会免费送顾客三个月的每周一花，从而赢得顾客的三个月捆绑机会。有人看到这里会说消费 300 元就送三个月的每周一花，那不是赔钱吗？

我们来简单地算一下，300 元的鲜花毛利润一般情况下会有 200 元，也就是说我销售了一个花束，有 200 元可使用的利润空间，而三个月每周一次的鲜花成本，由于是免费的我可以制作 15 元的小花束或花艺产品，尽量使用应季花材，这样可以品种新颖，同时也有足够多的花可以赠送给顾客。另外我再支付 5 元的配送费用，每个月成本消费是 80 元，三个月是 240 元，在这三个月里我实际亏损的是这几次的人工成本以及 40 元现金，那么试问一下——

如果这个活动开展后会有多少顾客来购买我的鲜花呢？

假设我在圣诞节搞这样的一个活动，本来圣诞节我能销售 100 个 300 元花束，赚 2 万元，但因为搞了这个活动，我有可能销售了 500 束，收入 15 万元。如果我按照自己三个月的承诺，不仅圣诞节没有了利润，我还亏损 2 万元，而在这个时候，你要清楚我们有了三个漂亮的数据。

第一，圣诞节期间销售额提高了。

第二，增加了 500 名新顾客。

第三，比原来多了 12 万元现金可以支配。

也就是在第一个月里我只要支付 4 万元现金就可以完成第一个月的每周一花，还有 11 万现金流可以运用来做投资进行短期理财或者投资，同时在未来的三个月里我们要经历元旦、春节、情人节、三八妇女节，由于之前的这个活动，这新增的 500 名顾客会有很多人在这些节日里进行二次消费或多次消费。有两个最大的吸引顾客的点，第一是每周一花免费送的活动，如果他们觉得不错会继续购买产品；第二是他们长期都会在我们每周一花的产品包装中看见我们的广告与海报。

我们假设只有 500 人进行了二次消费，也就是说在两个节日里原来每个节日只有 100 人消费，现在变成了 500 人，那么两个节日总和来说，就多出了 300 人的消费。第二次购花没有这个活动了，因为免费送花只是圣诞节活动，但顾客既然已经进入花店就会顺便开展第二次购花，多出了 300 人，我的销售利润就多了 6 万元，足以弥补第三个月的 4 万元损失。只要后期客服做得好，虽然我免费送了三个月的花，但还是赚到了几方面的利润。

1. 前期资金的增值收益。

2. 500 名新增顾客的捆绑。

3. 新增顾客群体的多次消费利润值。

4. 后期新增顾客转化成老顾客的持续消费。

5. 每周一花因为三个月的免费配送，会增加一部分长期订购每周一花的客户群体。

6. 同时可以有效影响周边竞争对手的生意。

7. 因为活动新增的顾客和每周一花的收花顾客会介绍更多新顾客。

通过以上 7 点，你觉得这个活动是赚钱还是赔钱呢？

花店的免费资源引流

很多花店都在为婚礼订单而烦恼，因为从花店店面本身或从婚庆公司接到的婚礼订单不是太少就是利润太低了，要怎么才能增加自己的婚礼订单客户呢？

免费资源引流方式 我们来分享一个

首先，我们要印刷一批精美的代金券。

其次，我们去找自己所在城市的婚纱影楼，找他们的负责人洽谈合作，我们愿意为到影楼拍照的顾客免费送上价值 300 元的鲜花手捧，只要消费满多少金额的顾客，都可以提前预约到我们花店里免费领取一个价值 300 元的新娘手捧花。

在这个领取手捧花券上印有一款精美的手捧花照片（价值 300 元的），拿着这个券的顾客可以领到和这张照片一样的手捧花。手捧花虽然是赠送的但也一定要精美，这样才可以吸引顾客前来领取。

同时，我们要在这个免费领取券中标明：如对这款手捧花不满意，可以选择定制手捧花或者从网店中任选一款手捧花商品。价值在 300 元以内的手捧花可以凭免费券直接领取同样的手捧花；如果价值超出 300 元，顾客只需支付超出部分费用就可以。这张免费领取券价值花店的 300 元现金，但此券只能作为消费使用，不能提取现金。

也许有人会说，那么这样我不是亏损了吗？300 元的手捧花做得好看点，要 150 元左右的成本，不是亏了吗？

　　我们在这里分析一下，这样的赠品券顾客在领取的时候只需要填写新娘新郎姓名电话及婚礼日期即可，没有其他任何附加条件，我们由此得到了一对新人的电话信息，就算这个顾客没有在我这里有其他消费，这个信息，我们可以使用很久，因为每年他们结婚纪念日、情人节、老婆生日等众多节假日前我们都可以问询顾客是否要预订鲜花，只要你能让他们消费一次，我想至少就能赚回这个赠品花束的成本了吧。新娘新郎也可以成为你的其他产品客户，变相地由一个潜在客户变成了两个潜在客户。

　　另外，当顾客来领取鲜花的时候，意味着这个顾客是一个标准的婚礼订单客户，销售人员或婚礼策划人员就可以和顾客推荐你们的婚礼业务。在 10 对新人在领取鲜花的过程中，我们可以很轻松地洽谈婚礼订单，只要成交一单婚礼订单，此前的 10 个婚礼手捧花的钱就赚回来了。如果 10 对新人领花时都没能谈下订单来，说明你的销售能力一定存在问题。

　　通过这样的免费资源产品置换合作商的客户信息，进而为我们带来订单，这种免费资源引流的营销方式你学会了吗？

花店的免费产品模式

对于很多想开花艺工作室和花艺公司的人来说，最难的往往不是技术，而是订单和客户资源。

首先，可以选择一个鲜花品种，比如说红玫瑰，正常情况下，现在全年红玫瑰的进货价格在二级批发商手里平均是 30 元左右，一级批发商手里是 20 元左右，花农出售是 15 元左右一扎。如果平均每天有 2000 人次在我这里免费领花，一次 10 枝红玫瑰，那么一天我就需要 2 万枝玫瑰，在一年中我至少需要 600 万枝玫瑰，这对于很多花卉种植基地来说都是一个非常大的订单量，那么我们用预订式采购可以把价格压到至少 10 元一扎玫瑰，平均每一个订单花材成本是 5 元。

然后，对花进行包装的成本控制在 5 元一份，其中包含：基础包装纸、保鲜棉、蝴蝶结、外卖包装盒和一张花店品牌的服务卡。

接着联系快递，假设一年 60 万元的订单量，那么团体订单每个配送成本会在 5 元左右。

再联系互联网平台与手机服务平台，登录平台可以长期免费领取鲜花，互联网平台主要赚取的是流量，为了增加他们的流量我们可以提供至少 60 万元的免费花束，而当顾客免费领取鲜花后，我们可以返给互联网平台每个人2元的广告赞助费。

进行到这里，很多人会想，这样计算下来花店不但没有赚到钱，反而会损失很多资金。而且每当到情人节的时候，估计一天的领花量都能过百万元，那花店如何赚钱呢？

最后，每一个免费领花的顾客都需要填写收花人姓名、电话、地址，如果需要留言卡片的人则需要支付3元卡片费用。另外，由于鲜花是免费配送的，顾客需要支付20元的鲜花快递费用。

到这里有些人也许就能看明白了。

我们的整体成本是鲜花5元+包装5元+配送5元+广告赞助2元，总计17元，如果顾客加入卡片成本再增加1元，那么这样的一个订单我们可以赚到4元钱，4元钱不是很多，那如果你再乘以一年60万元的订单量，也就可以算出来，你一年可以赚到240万元。而在这笔钱里可以雇用10个鲜花制作人员（月薪5000元，一年60万元），并且可以直接在原产地由花卉种植公司配合加工，再请5个洽谈人员（月薪1万元负责联系各地的网络平台，一年支出60万元），你再雇用3个配合联络和服务的人员（月薪1万元一个人，一年支出36万元）。

这样算下来你总共收益是240万元，整体支出费用是156万元，那么一年就可以赚到84万元。

当然在这个运用中还会有一些细节问题，但我想这些在利润和利益面前都会很轻松地得到解决。

那么你觉得这84万元是结束了吗？要知道到第二年，你至少手里有60万份的客户信息，一年大宗采购的优先权、快递客户的VIP、网络公司的合作伙伴，通过这些资源你第二年的收益会远远大于第一年的收益，同时也会有更多订单及系列产品诞生，你觉得你的花店还缺少订单和客户资源吗？

花店的免费客户服务

在花店经营中如何才能凸显自己花店的品牌优势呢？很多花店其实都有着各自的特色花艺技术产品，都有着热情温馨的服务，但是在细节上其实很少有免费的，那么你就可以来一个免费的客户服务模式，为自己的花店打造特有的品牌优势。

1 免费的会员花束

本花店的会员如果在生日的时候都可以领取一束价值 800 元的会员花束。有些人可能觉得这个其他行业都有啊，但问题是花店行业做的人少，有人觉得 800 元的花束是不是成本太高了。价值 800 元的花束，我相信大家进货成本在 200 元都可以包得出来对应的花束了，所以实际你投入的成本是 200 元。而一个会员一年在两个情人节，以及妇女节、母亲节、圣诞节、生日、结婚纪念日这几个节日的消费会是多少呢？平均一个会员一次消费在 300 元，一年至少要在你店里消费 2100 元的鲜花，按照花店的利润计算，你至少可以获得 1000 元的收益。拿出 200 元来服务一个老顾客，并赢得一个良好的口碑，难道不值吗？

2 销售半价优惠的定制产品

如果会员的亲朋好友过生日，会员可以购买到半价优惠的定制产品，即便是半价，你都会有利润，当然利润会比较少，但我们承诺会员即便不是本人来，只要报出会员姓名或手机号，则购买生日花束都可以享受半价折扣。如果你是会员会怎么做呢？

只要是你周边的朋友需要用花，我想你都会推荐其来买鲜花吧，那么这个会员带来的新顾客量的基数就会变大，真正实现了薄利多销。

3 免费赠品

凡是进入花店的小朋友都可以得到花店的免费赠品一份（一个精美的乒乓菊做的卡通花，此款产品不单独出售，只作为小朋友的赠品）。相信小朋友的父母会对我们的花店有很大的好感，并在下一次有鲜花需求时优先选择我们花店。

4 会员积分

会员在使用会员卡消费时会有大量的会员积分，而这个积分在我们的销售额里会占 5% 的返现额度，然后花店设置一批花艺的软装饰品可以让顾客用自己的积分进行兑换，这些花艺的软装饰品不作为销售产品，只作积分兑换产品，这样，办理花店会员卡的客户就会有所增加。

以上四个免费服务模式，都可以让顾客对你的花店增加好感度，虽然从每一个销售订单中我们无法赚到最大的利润值，但因为这样的服务会为你带来更多的老顾客或新顾客。作为一个生意人，不要在乎一次的得失，而要在意顾客是否会长期在你这里消费，并积极为你推荐新顾客才是生意之道。

花店的免费时间营销

在规定的一个时间段内，对某类产品实行免费营销，让顾客在这一个时间点内，形成免费的消费趋势习惯，这有利于品牌的宣传，通过这种免费时间段的营销来加大品牌的影响力，并产生更多的产品交易。这里我来演示一下，大家就都会明白了。

免费时间营销

花店的五步

第一步 我们先确定一个固定日子作为花店的免费会员日，假设每个月的 22 日是花店的会员日，那么在会员日这天傍晚 6：30～7：30 可以免费到花店来领取一盆鲜花，把内容做成海报或信息发布出去，以达到宣传的效果。

第二步 采购一种应季的盆栽花卉，采购成本可以控制在 10 元左右，不大不小的一盆花，这盆开花的植物可以简单包装一下，打上自己花店的广告。

第三步 设计一条路线可以让顾客到你花店内部最里面来领取这盆植物，你觉得会有人来领取你的免费盆花吗？我觉得大爷大妈一定来得不少，这样我们在 6：00 的时候制造出一种大爷大妈排队领花的现象。

第四步 当大家来领花的时候，需要领花人签名并留下手机号或会员号，以免多次领取。

第五步 在会员日这天维持好秩序，提供产品让会员领取。

很多人觉得这只是做了个广告却没有带来收益，而且领花的人越多花店亏损越大。其实不然，我们先算一下会领走多少花。当一个人来签字留下电话号码，并领取鲜花时，最快也要 15 秒才能完成，你只要热情点，服务好一点再多说两句话，控制在 20 秒领一盆花即可，那么一分钟你损失 3 盆花，一个小时损失 180 盆花，你的直接经济损失不超过 2000 元，但是你会赢得这些领花人的好感，同时在领花的时候在花店里出售关于花卉种植养护的书、土、肥、药等物品，以及相关的其他盆栽花卉。大家在排队的时候就会对其他产品产生兴趣而形成产品的交叉补贴，这样让你的经济损失就不会特别大，同时晚 6：30 ～ 7：30 这个时间段是晚高峰时间，当路过的人看见你的花店在这样一个平常的日子段里都有很多人经常排队，大家会怎么想呢？"好奇害死猫"大家都懂，但是大家还是会在不忙时了解一下这家花店的神奇之处。我们用了 2000 元打造了一个会员福利及广告效果，会让我们在周边社区及客户心里赢得良好口碑，在这个免费的时间段里，我们最大的收益是让人感觉到我们的会员价值、服务态度、优质产品，达到火爆影响，那么花店就会在任何时间都有大量顾客前来光顾。

花店的免费鸟笼模式

鸟笼营销是一种经典的营销方式，当你有一个空鸟笼的时候，就会为这个鸟笼配一只鸟，并且把养鸟的所有物品都配备齐全。在这样的一个营销模式理念中，我们不难想到，如果我们为顾客提供一个好看的花瓶，就会刺激顾客购买鲜花的欲望，但在实际运用的时候我们有几个要特别注意的点。

1. 选择的花瓶等容器一定要个性精美，最好是自己的定制款，以免别家花店影响你的顾客群体。

2. 有了一个好花瓶后该如何去选择合适的鲜花？首先要给顾客做出几款简单的鲜花摆放造型，同时这些造型的花材尽量不要选择太贵的，给顾客适应的过程。如果一上来就要花很多钱，那么顾客就会很容易放弃选择。

3. 为了能够持续让顾客关注我们的品牌和产品，建议开通免费的网课，这样可以吸引顾客通过学习制作出精美的花艺作品。

4. 容器在免费发放的过程中最好加入一些只有付出才可得到的意义，不然太轻松得到的免费产品不会被人重视。比如这款花器是献给为环保做出贡献的人，比如这个花器不卖钱，只是社区人可以用废旧电池来换取，每人初期仅限一个，通过奖励正能量的行为来发给大家，这样大家会为了荣誉而去获得这个产品。

5. 在领取免费容器后，如果能持续为环保做贡献，顾客可以用贡献值来兑换线上的花艺课程，也可以兑换花瓶里的花材，这样就会赢得很多人对你的好感度。

6. 鸟笼销售模式使很多人关注你，积极参与你的活动，让更多的人了解你，让你的品牌在所有人心里树立一个正能量的商业形象。对于很多人来说，在购物的时候能少花钱，并且可以做有意义的事情，那么大家都会愿意选择这样的品牌来消费。

我们不是在向你出售鲜花，而是在和你一起保护环境，爱护我们自己的家园！

花店的免费空间模式

在花店的经营过程中，你会发现自己的店面使用率并不是很高，因为花店的实际产品流量最快的商品是我们的鲜切花和绿植产品，而其他的相关产品销售情况就比较普通。

那么在这个时候，我们可以联系一些周边产品的商家，进行免费空间的互换模式，让我们的产品可以在其他店铺里销售，而其他商铺的产品可以在我们的店铺里销售。当然有人会质疑这样的产品销售会不会影响到自己的品牌形象，那就要看你的产品选择了。如果选择一个袜子产品和花店进行产品互换，自然会有影响，但如果你选择一个知名品牌的化妆品，就会变相地提高你的品牌附加值，而且这类产品可以和你的鲜花礼盒产品进行捆绑，这样可以让你的产品系列更丰富，同时当你的产品出现在其他品牌店铺中的时候，也会间接地增加你花店产品的品牌曝光度。当然，在这个产品的销售过程中，两个商家都可以协商产品的回扣及返点形式。

为了能更多地曝光你的品牌，这种免费空间互换的方式可以固定成每月一轮换，这样你就有很多的产品来做宣传吸引顾客，同时也可以通过更多品牌来曝光你的品牌。在这种置换的过程中，我们还可以彼此共享宣传平台，利用彼此的平台来宣传，这样双方的"粉丝"量都会随之增加。

免费的空间模式主要是　　增加品牌的曝光度

粉丝增长量

产品的销售量

建立更多的渠道销售

　　这样一来，我们的花店虽然不大，但是却可以给我们带来很大的销售空间。共享共赢才是我们当下花店的生存选择。

花店的免费跨界合作

每年的节假日，花店都要做各种推广和营销活动，而获得的成效在最后的收益中，又很难符合我们的需求，那么不如来选择跨界的商业合作。

如何开展跨界合作呢？

比如说情人节当天，你的花店销售了 11 束红玫瑰花，一般情况下每束销售价格假如说是 150 元，那么当顾客消费了 150 元后……

你还能给顾客带来什么呢？

很多时候我们几乎就没有别的服务员了，顾客也认为这个交易就结束了。而任何一个花店在情人节的客户量都会很大，这批顾客还会在买花后或同时进行其他消费。

那么我们为什么不能利用一下这样的客户群体呢？

花店的八个免费跨界合作商

跨行业的第一个合作商

巧克力品牌合作商。与其洽谈帮他们推荐客户，或者是帮他们代销产品，需要时让他们提供一批礼品装。

跨行业的第二个合作商

个性的情人节礼品。拿到礼品的批发代理价格，用于出售，把对应折扣让给我们的消费顾客，在购买鲜花后只需要多少钱就可以得到这个礼品。如果单独购买礼品，需要多少钱，那么在购买鲜花的时候顾客就可以以最低的价格得到这个产品，你的顾客就能得到最大的实惠。

跨行业的第三个合作商

适合情侣就餐的主题餐厅。需要餐厅提供代金券或折扣卡，我们可以帮这些餐厅做引流。

跨行业的第四个合作商

电影院。拿到团购的折扣电影票或者是引流顾客的折扣券，这样顾客就可以不用通过其他途径获得电影票，增加电影售票率。

跨行业的第五个合作商

KTV。用 KTV 的折扣代金券为他们做引流。

跨行业的第六个合作商

酒店。拿到酒店情侣房的促销券或代金券，为酒店进行引流。

跨行业的第七个合作商

避孕套。洽谈做品牌推广，但他们要提供试用装。

跨行业的第八个合作商

珠宝首饰化妆品。通过赠送对应的代金券、折扣券等为他们做引流。

在我们和这些合作商洽谈的时候，合作商只要付出常规的宣传赠品，我们就可以针对性地为他们引流，而这样的合作省却了他们的推广成本，可以做到有效的客户转化，如果你是品牌商，你愿意提供这些吗？我相信他们会很乐意提供的，而你获得的这些东西将会帮顾客们的所有消费做到最优惠。那么我们的宣传就是，在本店购买鲜花的顾客消费满 150 元，可以得到价值 1000 元的礼品包，这个礼品包里就是那些代金券、折扣券以及赠品，同时也可以搭配其他商品一起销售，你觉得在这样的情景下，同样是消费 150 元买 11 枝玫瑰，顾客会选择你，还是你隔壁的花店呢？

我们不光可以在销售上有足够的优势去与我们的对手竞争，在和合作商洽谈的时候也可提出我们的要求。比如说在合作商的宣传平台或店铺里需要发布我们的广告，同时在合作商那里购买鲜花，我们可以返给合作商 30% 的返点，那么你就可以通过这些合作商的平台获得大量的客户订单，最不济的情况，就是合作商内部也会团购一批鲜花自用。这样的跨界合作，用双方免费的资源进行整合，就可以为我们的花店带来更多的收益。

花店的免费服务模式

此前我们讲过花店的客户营销模式，提出了一些免费的服务，我们只要把花店的服务形式都详细地整理出来，就可以为我们的花店带来一套免费的营销服务模式。

很多进花店买花的顾客，都不清楚如何挑选花，如何让花店帮自己送花，即便定制花艺的时候也只是说出自己的需求。那么在顾客还没有对花店有太多服务需求的时候，我们就可以把自己的服务细节罗列出来作为自己花店的竞争优势，有的时候不光是要做到，也要经常说出来，不然顾客怎么知道你提供了哪些服务呢？

免费服务的五点花店

第一点 免费的故事定制设计

当顾客进入花店的时候没有直接选择产品，我们的销售人员往往会问出一系列的问题来帮助顾客选择或制作产品，在这个时候其实我们已经在为顾客提供选择性服务了。对于"故事""定制""设计"这三个词我们要拿出来说，以便增加顾客的购买欲望与服务体验感。每一个故事都需要时间、地点、人物、起因、结果，来进行塑造其中的过程，而故事定制，就是要用书面的形式让顾客罗列出我们设计的元素——

1. 什么时间送花？

2. 送到什么位置？

3. 送给谁？

4. 为什么送花？

5. 希望收花人有一个什么样的收花效果？

同时也可以细节化一下人物元素——

1. 收花人的身高来决定花的大小尺寸比例。

2. 收花人的生肖星座，用以推断收花人喜欢的风格。

3. 收花人对颜色的敏感性，以判断送什么颜色的花。

4. 收花人家中是否有摆花的习惯，以确定制作花艺的形式是花束还是花篮。

5. 收花人有什么特别的爱好，以确定花艺作品的装饰性及风格特点。

通过类似这样的调查问卷，在笔记的作用下，会让人感觉花店的专业性，同时也会让人对产品有更多的期待。通过这些语言和问题，还可以帮顾客在脑海中形成一种虚拟的效果感觉。当产品制作出来后，与这种感觉的切合度就会非常高，顾客的满意度也会很高。而这一整套流程是免费的。

第二点 免费的花材养护

建立一个花材养护数据库，针对每一种花卉的具体养护细节来设计对应的信息端口，顾客只需要登录对应的公众号或 APP 就可以在里面找到自己买到的花材的具体养护信息，同时我们提供对应的养护保鲜药剂、养护保鲜卡。这些需要我们提醒顾客，都是免费提供给顾客的。当别的花店在出售保鲜药剂，或是只送一包保鲜药剂的时候，我们可以根据顾客购买的鲜花品种来赠送 2～3 包保鲜药剂。虽然在成本上我们亏了2 元，但是一种专业的印象就会印刻在顾客心中，就好比奢侈品牌的赠品，也会是常规品牌的销售品一样。

第三点 免费的产品配送

什么是实力的体现？就是无论你在我这里购买什么鲜花，都可以为你免费配送，无论送到国内其他地方都可以免费，这给顾客的感觉就是实力的象征。其实你的产品销售价格里已经包含了配送的费用，也不会让顾客觉得你的价格贵了多少，因为鲜花的定价具有一定主观性，便宜 20 元，与贵 20 元在顾客心里其实没有多大影响，但是这种显示实力的全国免费配送、同城免费配送的实力就会让顾客留下很深的印象。

第四点 免费的花艺培训

当所有店铺都在搞各种线下，或线上收费教学的时候，我们的花店可以开展一系列的免费培训，线上的课堂针对会员免费，线下的也针对花店会员免费花艺培训，那么你的花店会员自然就会增加，因为会员有实际的好处可以得到，而且成为你的会员只需要在你花店里消费就可以。对于很多人来说，在谁家消费都可以，为什么不找一家有实力的花店来消费呢？

第五点 免费的花卉治疗

无论你在一线城市还是五线城市，家里怎能没有两盆花呢？但是很多人都养不好花，没关系，我们的花店里有免费的花卉医疗，不过看病免费，但是药钱要自己出。所以花店要将杀菌药、杀虫药准备好，而且我们还推出很多自制的药剂，大家可以回家自己做来用，不需要花钱。在当今社会中任何一个挂着医院名字的单位，无论给人看病，还是给宠物看病，药钱绝对都不便宜，而花卉医院，就是用最便宜的药为你的花治病，用最有效的土法治病，不用花钱就可以解决问题，赢得人心不就容易得多了吗？至于花卉治疗尝试，大家可以专业地学习一下，这样你的花店绝对不缺访问量和客户。

以上给大家推荐了花店经营的五个免费的服务模式，可以为大家赢得品牌传播，赢得产品销量，赢得客户口碑，还可以赢得网络访问量，至于赚多少钱，那就要看你如何利用这些东西了。

花店的免费资源互换

对于一家花店来说，花店里最多的资源除了出售以外，还可以做一些资源置换，目的只有一个，即让自己的花店能获得最大的盈利。什么是花店里最多的资源，当然是自己的花艺作品和鲜花绿植了。

如何利用这些资源来进行资源互换呢？

我们先来置换一下自己的花艺作品，尤其是一些花艺的架构作品，我们非常用心地做好架构作品，却很难批量销售出去，鲜花枯萎后，这个作品也就剩下一个专业人士觉得奢侈，顾客觉得累赘的架子了。但我们把自己的花艺架构作品用仿真花做好，然后去洽谈当地的家居店或家居饰品店，提供他们装饰的同时也作为他们店里的商品出售，售卖的价格可以获得很大的提成。对于家居店来说，摆上这种花艺作品，整个家居格调就上来了，并且是有很大的艺术品位提高，同时还省了自己店铺软装的成本，或可以通过这些摆件来赚取一定的利润，这种共赢的好事，相信多数老板都会乐意选择。对于花店来说我们拥有了更多的销售端口，也多了更多的销售展台，还增加了自己的库房面积，多了很多优秀的销售人员帮我们销售商品，对我们自己的品牌推广也有了很大帮助。这样的资源置换为什么不做呢？

其次，我们还可以利用鲜花和绿植的订单去换取我们的销售展台以及店铺面积。举个例子来说，一幢大厦或写字楼或商场每个月的绿植租赁费用至少有几万元，我们可以用这样的绿植租摆置换对方闲置或优质的地理位置，然后开设自己的花店。对于一个写字楼来说，他们减少了不必要的开支，增加了自己的租赁业绩，同时也可以通过我们的花店为他们引流或服务；对于花店来说，我们可以用租赁成本的最低价格来租用一个价值相对比较高的场地，这样我们可以有效地降低自己的房租压力，同时我们也可以利用这种入住的方式，直接接触到一批在一栋楼内的各种类型的固定客户，双方既能做到节流也做到了开源。这样的共赢方式，我相信你会找到很多这样的伙伴。

很多人都在抱怨现在生意越来越不好做，抱怨市场不景气，还有人抱怨产品过剩没有销量，其实只要换种思维方式，你就可以用你最多的资源换到对应所需的资源。几千年前以物易物的交易方式一样适合现在的市场需求，不同的只是现在的人可以做到更多。

11 / 提升品牌效益的 / 线上营销

01/11

花店网络营销理念

现在,每一个人都很清楚互联网对我们日常的生意有很大帮助,但当所有人都投入互联网的时候,我们的竞争也就非常激烈了。那么对于花店来说——

什么样的互联网营销才适合我们呢？

第一步,我们花店在做互联网营销前要有精确的分析,分析各种我们可以获得的数据、资源,以及营销成本。比如说,我们现在已经拥有的客户"粉丝"量多少,经常互动的"粉丝"量有多少,预计可以在哪个范围投放广告,通过哪些平台来进行引流客户,这些平台的收费与效果是怎么样的,在做精准客户引流的时候,主要引流人群是什么类型的,等等。在对这一系列的数据、资源、营销成本进行分析后,再来设计对应的营销策略,这样才能更有效地做到客户引流和产品销售。

第二步,在进行网络营销的时候我们要实际确认自己的营销能力与思路。在网络营销前,花店应当由专业的人专门来负责这件事情,这样能确保有足够的时间来执行并坚持下去,而且要明确网络营销的重点不是在于具体销售多少件产品,而是如何用最有效的方法增加自己的粉丝关注量,引流更多的人群知道我们、了解我们才是网络营销的重点。

154

　　第三步，当有大量顾客通过网络营销关注我们的时候，我们也要建立起维系顾客的有效机制。高手在民间，很多人都在用各种各样的方式吸引别人能长时间地停留在网络平台中，那么当一群喜欢花，并且想购买鲜花的人群进入你的网络平台中，你觉得他们对什么感兴趣呢？

　　第四步，口碑的建立，其实不一定要很漫长的时间，现在有各种买家秀、各种网评晒图都是为了给自己树立更好的口碑，网络平台的传播速度比线下实体平台更有效更迅速，只要你做了一件可以树立口碑的事情，就能通过网络平台影响到更多的人。作为一名花店的经营者，你要学会多多宣传自己的品牌特色，以及服务结果。

　　第五步，网络运营技巧是要学会打造关键词，这已不是靠鸡汤或者理论就可以影响顾客的时代了，要学会捕捉关键词、创造关键词，这样可以利用关键词来增加别人对你平台的访问量。以前写一个标题一定是简单易懂的，而现在要学会利用标题字数去叙述内容，通过标题里的字就可以转化成关键词来进行对你信息的搜索绑定。另外，在网络平台的主图设计上要学会经常性地转化，其实平台主图就是一个平台的橱窗，你的橱窗如果长期没有更换，自然就很难对顾客造成二次吸引；但你的橱窗如果经常更换，会给很多人一种错觉，是不是错过了什么，这样你的顾客二次访问和多次访问量就会增加。实际的网络运营技巧还有很多，但这些其实都是网络营销的一种策略，无论是哪种，在前期我们都不需要通过花费金钱去解决，我们需要做的是如何做好内容，如何制定好策略。那么在实际的工作中，就要求每一个员工要清楚地知道自己要做的事情，以及如何把这个事情做好。

花店的营销思路

第一点　花店在营销的时候，要第一时间进行换位思考，要知道顾客在购买鲜花前的选择是很多的，无论是节假日还是生日，鲜花只是一种点缀品，并不是必需品。那么在这种情况下如何能让更多的人选择鲜花而不去选择其他是我们要站在顾客角度去思考的问题，并不只是做好一束漂亮的花，拍好看了，推广出去就会有人为你的作品买单。

第二点　在营销前，我们要制定周密的执行计划，往往天才的创意在蠢材的执行中会失去意义。你的营销过程都分为几步，每一步谁来执行，执行中容易出现的问题有哪些，如何解决这些问题，这些都是网络营销前要设计好的。有些人会觉得这样的计划太烦琐了，但你要清楚，结果往往不会因为计划而改变，只会因为做到了多少而改变。计划做得详细些，执行难点解决得多一些，当任何人都可以去执行的时候，你获得成功的机会也就多了一些。

第三点　建立网络营销的监控制度。当你有很好的计划在执行的时候，员工不会做你希望的事情，而只会做你要检查的事情，那么你的监控机制就是最好的执行保证。

第四点　当每一个步骤都在按计划进行的时候，完成每一步都要有激励的措施，无论是正能量的鼓励还是含沙射影的激将，目的只有一个，即在关注整个营销的过程，肯定每一个人的工作结果。

第五点 设立好营销的奖罚机制。重赏之下必有勇夫，有效的惩戒措施才会令人有所畏惧。那么当你通过网络营销实现了最终结果的时候，你要让你的员工明白果实分享的喜悦与为新目标而奋斗的激情，这样才会为你下一步的营销打造好团队。

总结来说，在营销思路上我们要先设立结果，计划好过程，清楚执行方法，执行过程要检查，检查过后要奖罚，奖罚结果是改进与激励，只有这样你的营销思路才可以得到最好的执行。

花店的线上营销团队

对于营销团队的打造，有钱没钱其实都不是问题，但我想很多花店的创业者主要是没钱，所以在打造团队的时候要清楚一点，能创造价值的员工要雇用，服务平台的员工要兼职，开发推广设计平台的员工要合作，这样你就可以用最少的成本来打造你的团队了。

一个花店的网络团队需要哪些人？

1 专门负责的人

这个人要时刻与管理者进行沟通并与各个执行人员对接，有精英最好，没有就雇用一个有责任心的人来做。

2 网络开发与后台维护人员

很多花店都是直接找网络公司或运营公司付钱托管，但这样你的网络平台能接到订单就是奇迹，因为这些运营公司的人通常是一个人要服务很多家，能保证你的网络平台正常使用就不错了，基本不能指望他们能给你带来很好的成果。所以这项工作最好是找兼职，单独的人定期、定时地为你进行有偿服务，这样你就可以更高效地完成网络建设与后台维护了。

3 平面设计人员

设计人员其实很关键，但是你会发现设计师很难找到，不是高薪无法实现，就是很难找到对应的人才。你可以通过互联网平台找到兼职人员来帮你完成，只要你找到符合你需求的人员，成为这种人员的客户，他们可以很出色地完成你的日常平面设计了，合作得越久契合度也就越高。

4 拍摄人员

现在是智能时代、短视频时代，你要是没有好的视频短片，就很难销售出自己的产品。你只要雇用到对智能手机熟练操作，喜欢玩各种 App 的人，给他配备一部好的手机，他就可以很轻松地帮你完成拍摄任务。这样的人比较容易雇用，而且现在各种手机 App 的傻瓜剪辑软件特别多，各种风格都可以制作出来。

5 文案策划人员

文案策划不需要专门雇用，这种人各大公司都缺少，可以通过网络平台来雇用兼职人员帮你写作，这样各种价位的优秀人才你都可以挑选使用，而且你付出的成本绝对是最低的。你只需要提供你的思路、想法，他们就可以为你策划好你需要的文案或策划案。

6 平台运营人员

日常的信息发布、整理、订单管理、客服、网络推广等细节工作，建议直接雇专门的人来完成，因为这些工作都可以流程化、标准化地去操作，这样花店实际只需要雇用 3 ～ 4 个人就可以搭建起一个网络营销团队，这样的团队实际创造的收益绝对会比日常花店创造的利益大很多。

花店的创业者无需心痛这 3 ～ 4 个人的薪金，因为他们创造的价值要远远大于你开的薪水。2019 年，《电商法》开始实行，5G 时代已经到来，你的花店跟上脚步了吗？

04/11 花店线上引流方式

2019 年是电商时代开始的节点，在这一年里有很多电商如雨后春笋一样出现在顾客的眼前。对于实体花店来说，没有线上平台，那么你将会流失大量客户，但开设了电商平台又不懂得如何运营，总是无法让自己的"粉丝"量增加起来，虽然我们都清楚做电商就是在做"粉丝"量，就是在做引流，但如何去做，很多人却是茫然的。接下来，我就针对这个问题给大家提几个建议。

1 注册开通免费的推广平台
现在市面上有很多吸引大家眼球的平台，而且这些平台都是免费可以操作的。

今日头条	相信很多人都知道这个平台，这个平台的推送机制相当成熟，用户量也非常大，是我们做互联网推广的优先选择。
百度百家	在中国，百度搜索平台几乎是每一个人都熟悉的，而在百度百家建立的账号，发布信息，其中的关键词就会优先推送到百度搜索中，相对会比其他平台的关键词排名要靠前。
大鱼号	这是阿里文娱的主要平台，这里所发布的信息会被优先推送到 UC、优酷、土豆视频网站，而且当你的账号成为大 V 后还会有平台补贴。

企 鹅 号	腾讯的主要平台，你发布的信息会优先推送到腾讯平台，而且里面有打赏机制。
一 点 资 讯	这是一个以兴趣为主题的智能推送平台，只要是有花艺的爱好者，基本都可以看见你发布的信息，会是一个很好的推广平台。
新 浪 微 博	不要认为微博时代已经结束，在新浪微博里依然还存在着大量的粉丝群体，并且有大量的国际粉丝。
微 信 公 众 号	有腾讯微信做支持，公众号的各种插件程序都在逐步增加，并且这里的推广对客户的黏性更高。
抖 音	中国人玩抖音的群体也是非常庞大的，几乎成了娱乐群体的一大热门平台。
快 手	同抖音一样，很多人也喜欢玩快手，基本上双方都可以说是大众的点击优先选择。
知 乎	"有问题上知乎"，知乎几乎是很多都市人群选择解答难题的地方，也是自媒体平台中一款互动率较高的平台。

以上只是作者推荐的适合花店推广的网络自媒体平台，顺序并非是官方排名，但基本都是大众耳熟能详的平台，我们的花店在这些平台中都应该有自己的账号，利用平台的各种优势来做到品牌推广和粉丝引流。

2 当我们有了很多免费推广平台账号的时候，我们就要学会这些平台的推广手段。

第一，就是"关键词"，在你的标题或话题中提炼出大家常搜索的关键词，这样你就可以得到很多通过搜索来找到你的精准粉丝群体。

第二，任何一个平台的后面都有一个大的智能数据库，你之所以没有排名靠前，是因为你不清楚这个后台数据推荐的智能标准。对于你发布的信息，首先不能有水印，然后后台会在你发布的第一时间给你一个几十人或几百人的流量推荐，基本都是你周边的群体。而当你在第一个流量池里有好的表现，那么系统会给你继续推荐到更大的流量池中，从而依次推荐你发布的信息。那什么才是好的表现呢？就是你这个发布信息的转发率、点赞率、评论率、完播率、复播率，这些都会是及格线的设定，只要你的点赞率能达到你流量的 10%，就会不断地被依次推荐出去，这样你的信息就很容易成为火爆信息。但首先你的信息在标题、拍摄、内容上就要选择吸引人的娱乐点来制作，唯美的花艺效果往往不是大家所关注的重点，你要选择拍摄的更多是个性、娱乐、知识性等特点来展现。

在此提醒大家，在做推广信息的时候要避免发布带有水印的信息，避免下载转发他人信息，尽量不要发布非正能量的信息，不能发带有广告性质的信息，因为这些都会被智能系统自动屏蔽掉。想吸引自己的"粉丝"，就要积极地制作更多原创的高质量的信息内容，真才实学才是硬道理。

第三，网络店铺引流顾客时要注意，首页的最后四张图对客户的转化率有很大的影响，因为现在大家都在一个信息高度爆炸的时代，很多顾客不会去看你的详情介绍，大家都会习惯性地通过图片或视频浏览来决定自己是否需要购买产品，或是否会持续关注你，而最后的信息视频或图片会直接影响来访者的最终决定，所以精彩的东西不要都放在最前面，后面也要有精彩才可以。同时，首页的视频信息或图片最好是每隔24 小时就更换一次，这样大家就可以时常来关注你的信息了。

第四，任何海报、图片都要尽量做到文字在左边，图片在右边的形态，仔细观察你会发现百度新闻、淘宝直通车都是如此的。

第五，祝愿大家的花店都成为网红店铺，收获百万粉丝。

12／
增加经济效益的
线下营销

线下营销的优势

虽然说现在是电商时代，但不意味着线下实体店就是寒冬时代，任何危机与机会都是并存的，线下营销依然有很大的市场空间。

1. 我们在线下的推广营销中，直接面对顾客进行沟通交流，可以第一时间通过顾客的表情、态度从而产生结果，对于营销效果可以做出第一时间的增进或改正。

2. 线下的营销过程是很好的品牌形象的一种提升，尤其是一些趣味性、知识性、正能量的营销方式，都会引起众人的关注，让品牌可以得到快速的传播。

3. 虽然不能从线下的营销大数据中获得大量粉丝，但可以从面对面的交流中扩展客户群体，并且可以精准获取粉丝及交易量。

4. 相对于互联网的广告效果来说，线下实体广告的广告周期性较长，对顾客有持续的广告印象效果，容易让顾客加深对品牌或产品的了解与关注。

5. 线下营销也是时间短、见效快的交易形式，其中不存在太多的预热效果，对顾客的感官冲击力很强，从而容易促成顾客的冲动消费。

6. 在线下搞营销推广可以有效地利用自身的资源优势，充分发挥渠道与资源价值。

7. 可以有效维系顾客，当顾客接受了我们的营销方式也就容易接受产品，更容易成为我们的粉丝。

8. 可以第一时间得到顾客对产品及服务的反馈，我们就可以第一时间对产品服务进行优化或改变。

线下的营销优势还有很多，我们在实际的营销过程中可以通过各种营销方式以获得最有效的客户价值。

花店店内营销方式

日常经营过程中，我们的很多花店都是通过等顾客上门或在外面做广告，以及打折促销来进行日常销售，其实花店里有很多可以开展的其他营销方式来做引流。产品做得好看，装修做得漂亮已经不能满足顾客的需求，我们可以通过开设相关兴趣班邀请周边的客户来花店做一些趣味插花，以此进行客户培养。

1 花艺兴趣班

对于这种兴趣课，很多花店老板关心的是材料成本和报价以及招生的问题，其实如果你站在顾客的角度想，顾客更关心的是趣味性与仪式性。从客户层来分析，幼儿的亲子课、中老年人的爱好课、青年女性的花道课，是花店主要的三大兴趣课程。但我们的亲子课很多时候都有个误区，总是希望父母和孩子一起动手做花艺，觉得这样会让顾客满意，其实如果你是父母，你会更希望让孩子一个人独立完成，而自己有空闲追剧或聊天。孩子的兴趣本身很容易建立，而父母担心的无非是安全问题和意义问题，安全上对花材的选择和工具的选择只要适宜儿童的就可以解决；而意义上，我想大家都能说出很多，比如气质的培养、手脑配合的智力开发等。解决了以上两个问题，父母才会愿意花钱去购买你开办的亲子课程。而中老年的爱好课，其实更多的是知识性问题的解决，老年人很少对花艺作品制作有多大兴趣，反而对绿植的养护与绿植景观设计非常有兴趣，针对这一人群的喜好，再配合上绘画、摄影等内容给予辅助，那么招生也就没有太大的问题了。最后是青年女性的花道课，无论是做西方式的架构花艺，还是东方式的花道花艺，在造型唯美的前提下，更重要的是其中的仪式感和完成后的拍照环境，只要解决了这两个问题，口碑与推广就都不需要担心了。所以如果能合理利用好自己的空余时间，开展各种花艺兴趣班不仅可以带来收益，更主要的是可以有效维系你的老顾客。

2 花店的赠品

很多人对赠品的印象都是廉价、不值钱，或不重要的物品，如果你能选择优质、有价值的花艺作品作为赠品，那么通过赠品就可以有效地为你花店做到引流，比如利用枯枝或干花来制作小台灯，它们的精致程度甚至可以当商品出售，然而你只是把它当赠品来回馈顾客，那么顾客对你的好感度就会非常高。同时，很多时候为了获得你的赠品，很多顾客也会进行二次消费或邀请亲朋好友来进行消费。所以说一件好的赠品，往往会直接为我们带来有效的收益。

3 明星效益

很多人都知道请明星会带来很高的客户引流，但是又总觉得请明星非常贵，不是很划算，其实邀请一些二线或三线明星，相对来说就会便宜很多。邀请不同的明星，每个月到你花店里一天，为你的顾客包花或者销售几束鲜花，明星可以通过这种亲民的粉丝活动来刷他的热度，而我们可以利用这种热度来增加销量和品牌曝光度，这个噱头在你客流量大的时候使用，影响力会非常巨大。虽然前期效果也许不明显，如果你坚持做上两三次，那么你的所有顾客和周边人群都会有一个意识，"这家花店很牛，这家花店有明星包花，到这家花店也许就能让明星帮我包一束花。"当有人在你这里买过明星包的花，先不说价格多少，单是这个人就会忠诚地成为你的铁杆顾客，也会成为你最好的推广员。一旦你的收支平衡后，你把这种活动作为常态，相信各种资源、各种类型的订单都会优先选择你的花店。

4 花店的增值服务

对于很多人来说，到花店买一束花就是一束花，买包月插花就是包月插花，任何附带都没有。但在我们生活中的其他很多行业里，增值服务已经是一个非常常见的服务形态，那花店为什么不能考虑设计一套服务呢？比如说买花束就直接送顾客一个花瓶，而在第二次购买的时候直接赠送价值同等的折扣券，第三次购买的时候可以直接返现。或者说在顾客买包月插花的时候，购买一个月就可以送一个精美花瓶，购买二个月可以送多少节花艺网络培训课的课程，当经常购买的时候我们可以提供几次线下花艺兴趣课，等等。当我们把自己所有的产品系列都设计成有各种增值服务的时候，相对于其他花店来说，我们的花店就会有很大的竞争优势。

所以当我们在花店无人时无所事事的时候，如果你认真地学习了我们的思维方式，你就会发现，其实有很多的店内营销方法可以操作，进而让我们花店的生意变得更好。

花店店外营销方式

很多实体花店的老板其实也都在做店外营销，只是相对其他行业来说我们做得还远远不够。

花店可以开展哪些店外营销？

1. 首先是公关营销，公关的主要对象是活动公司、公关公司、婚庆公司、酒店、银行等，日常生活的三百六十行里，行行都有对鲜花或绿植的需求，而花店如果针对各个公司的需求来开展相应的公关活动，其实也可以获取很多的订单，甚至即便走在大街上看见装修的店铺都存在着各种花店商机，所以建立花店的公关团队，针对各项业务开展公关活动其实对花店本身来说是很有必要的。有些人会觉得花钱是否太多了，其实在公关客户面前钱多少并不重要，重要的是公共关系与事情本身背后的意义以及便捷度。

2. 店外的花艺活动营销，对外的公开课，让更多的人认识我们的品牌，认识我们的花艺师，在表演和课堂讲解的过程中，曝光度和黏着度就是对我们生意最大的帮助。同时也可以开展一些花艺的展览展示活动，花艺本身也是一种艺术形态，为什么不可以通过艺术的展示来提高花店品牌推广性和品牌价值呢？甚至我们还可以开展一些局部的花艺比赛（非专业性的），既是一种活动，也是一种团建项目，对很多大型公司而言有很大的帮助和意义。

3. 在传统营销方法中，很多人觉得发传单是一种无意义的浪费，但其实只是发传单没有目标性而已，当你锁定需要购买鲜花的潜在客户群体进行传单发放的时候就会有很大的收益，甚至部分传统的广告业态也会有很多优势。比如一个新开盘的小区，这种小区的电梯广告不会很贵，而在这些电梯间里有你关心的净化空气，改善家庭环境的绿化解决方案的时候，相信顾客会主动联系你并购买产品。广告不是一定要在互联网中才有效，也不一定要支付昂贵的相关费用，关键看你是否能在顾客需求或顾客无聊的时候给顾客广而告之。

4. 合作渠道营销。对于部分人来说，渠道盈利的时代已经过去，但对于花店来说，这种渠道盈利还没有开始，有多少人来帮你卖花了呢？试问一下花店的老板，是男人买花多还是女人买花多呢？如果男人买花多，那么男人会常去哪些场所，这些场所有没有跟你合作卖花呢？举个例子，相信花店的主要客户群体应该都是有车一族，那么这些有车的人最常去的地方就应该是加油站了，如果加油站里有关于情人节订花和免费配送的广告出现，那么加油站员工向车主推荐的时候会不会有人购买鲜花呢？而如果每卖出去一束花，加油站都有提成，加油站员工都有返点的时候，那么你的花会不会卖出去呢？无论卖出去多少，你实际投入的广告成本又是多少呢？想象一下，市场有多大，你的渠道又建立了多少呢？

有人曾经说，你的心有多大，市场就有多大；你的眼界有多大，市场就有多大，你想到并做到的就是市场需要的。如果一年后有人成功通过这些方法赚到很多钱，想问问这句名言是谁说的时，如果没人认领，那么这句名言就是我说的。

线下营销价格战

其实很多商家都会在经营中开展价格战这种"战斗"方式，在价格战中很多时候我们容易光顾着追求客户引流，或者打压对手，而忽略了价格战本身的目的。价格战，既然被称为一种战斗，那么它就一定会有自己的战略目的，任何战争只有赢得了战略上的胜利才是真正的胜利。

战略目的呢？
价格战都有哪些

竞争客户市场

当我们在开业初期或者生意遇到瓶颈时，开展一轮价格战吸引顾客，并获得相对应的客户市场就是我们最根本的目的，至于谁来追风，并不是我们搞这种价格战的主要目的。所以，当价格战做到有效的客户引流后，就要及时停止，防止被对手引诱，从而深陷泥潭。

通过价格战获得一定的盈利收益

价格战在战术上有很多种方法，有控制原材料成本，然后利用价格差价获取价格上的利益收获。也有反其道行之，利用人们对低价促销的惯性理解从而抬高价格，获得产品价值收益。甚至有些人在价格战中通过偷换概念而获利，这些都是可以通过价格战来盈利的方法。

抢占资源市场

我们搞价格战的目的本身就是通过低价位获得大量的客户订单，并利用采购优势，抢夺更多的资源市场，从而可以抬高货价或控制原材料变化，也可以通过各种资源市场的价格差来获得更多的资源收益。

打击竞争对手

当与其他商家处于短兵相接的时候，价格战往往是属于刺刀见红的必要手段之一，通过各种价格战的战术手段，从而有效打击竞争对手。在狭路相逢勇者胜的理念中，也要根据自己掌握的资本随时调整战术。

价格战不单单是靠降价来进行操作，很多时候也是通过各种资源成本的掌握来调整价格区间，从而开展价格战术。对于花店来说，有些时候通过自己的花艺技术可以控制产品本身的成本和效果，从而通过价格战来赢得顾客。必要的时候，服务竞争也是一种价格战的体现，免费的服务和优质的服务，都可以算是我们的一种价格优势。再通过配送量压低物流配送成本，开展鲜花免费配送或低价配送的形式，快速高效地体现自己产品的优势。这些都是我们可以操作的价格战手段，而最简单、最直接、最粗暴的就是资本价格战，以本伤人，用庞大的资金实力压垮对手。

特别注意以下五点 **花店在搞价格战时要**

1. 搞任何价格战都要提醒自己，价格战的战略目的是否达到，花店的投资规模一般都不大，如果价格战搞久了，很容易对自己造成较大损失。

2. 价格战最根本的核心往往都是杀敌一千自损八百，在没有足够的经济实力或者资源实力的时候，千万不要轻易开战。

3. 价格战最重要的是以本伤人，一旦开展价格战，就要用最快的速度实现自己的战略目的。

4. 搞价格战往往跟心理有很大的关系，曾经一样的商品 0.99 元是一种很好的战术手段，但对于已经习惯的价格优势现在只要 1 元或 0.9 元会让人更容易接受。

5. 价格战不要轻易地让所有商品都参与，往往都是通过一种或两种产品做到客户引流，打压对手即可。价格战其实也是一种逻辑思维的心理战。

171

花店线下营销运动战

花店的线下营销，一定不是坐在花店里深谋远虑，而是一种运动战，在店外不断的运动中寻找商机，开展自己的各类花店业务。比如说很多人都在自己花店门口打出开办花店兴趣课堂的广告，或者在朋友圈等社交网站中开展报名招生，但这种方式往往不能达到自己的预期目标。而开展运动战，我们可以走出花店去寻找各种商机，比如说与各所幼儿园联系开展亲子爱花周，让家长与小朋友一起去种花，然后用自己种的花来制作花艺小作品，培养孩子的爱心、责任心，以及花艺制作时的细心、手巧，并通过作品让孩子获得表扬。对于幼儿园和花店来说是一种收益，而对家长来说是培养孩子的一种方法，对于幼儿园老师的建议，往往家长与孩子都会积极配合，加上前期投入成本很低，很容易引起大家的兴趣。一旦形成习惯，对花店来说就是一种文化理念与品牌价值的输出，就可以从活动本身或家长关系网中获得大量的订单。此外，在学校、公司、会所、茶楼等很多行业都可以办各种花艺兴趣班，通过这些运动战寻找各种商机，同时让花店生意红红火火。

另外，我们之前也提到过花艺展览，而这种展览可以在商场中举办，也可以在社区或活动中心举办，甚至可以到各个大厦中举办，只要业务员能联系到协办单位。提高装饰性，提高品位性，提高精神收益，提高传播性，提高客户黏着好感性，这些综合因素都能很容易谈成一些展览展示的活动场地。在这些场地举办的展览就是对品牌最好的推广与客户的引流，在演艺圈里叫作走穴。

开办了花艺兴趣班，开办了花艺展览，我们可以随之在这些单位中开展花艺的社区比赛，甚至用这些单位的名字来举办比赛。活动本身不是用来盈利，我们可以通过这种比赛来联络各个参与的公司及团体，从而培养大量的潜在顾客，让花店品牌文化植入各个单位中去。

当然如果你想盈利，那么你可以开设一些花店的形象店，这种店铺基本在一些特殊位置只开设一个月。在这种临时店铺中，打造如梦幻花店感觉的装饰效果，让很多人关注这个品牌，关注这个店铺的作品、风格与文化理念，不仅让顾客享受优美的环境同时还增加品牌的曝光度，从而获取大量的客户订单。

其实很多花店以前也都办过运动战，但大多数花店始终跳不出花店产品盈利的模式。如果你把线下运动战当作一种品牌推广和客户引流来操作，那么你获得的收益往往比你直接销售产品更容易。在我们花店周边，在我们所在的城市里，花店的各种业务可以渗透到各个行业中去，只要你有丰富的产品系列，有丰富的专业知识，并有一个善于沟通的业务团队，那么运动战就是帮助你线下引流最好的方式。

花店线下营销信息战

花店传统营销中还有一种我们都很清楚但总是忽略的营销方式，那就是信息战。这里不是指如何获得对手信息从而打败对手的信息战，而是如何让顾客获得我们的广告信息，并引起顾客的关注从而产生订单的一种手段。

平台有哪些呢？
被我们忽略的信息

1.首先是局部地区的电视广告、电台广告，这些曾经火爆的传统媒体，在互联网时代的冲击下，广告业务也处于夕阳状态，但是不可否认的是，这些电视台、电台依然还有一大批忠实粉丝，我们可以通过广告片投入到这些平台中获得对应的广告效应。这时有人会说，投一个电视广告有多贵啊。是啊，如果你投资中央电视台、省会电视台、卫视收费自然很高，但是投资在一些区域的小电视台中、小的栏目中就会很便宜。当然如果你能制造新闻效应，你就可以免费地在这些电视电台中得到品牌曝光。也许还有人会说，电视台收视率低，客户受众少，也不会有多少效果。如果你经营的是一个知名品牌的话，这么操作的确意义不大，但是花店这样的小众品牌，你要是在这种区域性的小电视台做广告，就很容易引起这个区域内人们的关注，并且你可以把这种电视台曝光的视频影像拿来做宣传使用，因为这样你就可以合理地使用电视台对花店品牌报道的资料片了，也会增加周围人群对你花店实力的认知。比如说两家花店，一个上过电视台，一个没上过电视台，你觉得哪个更有名气，更有实力呢？而且这种信息传播手段的好处绝对不单单只有这一种，要知道电视台再小也是有很大影响力的，再小的电台，也拥有类似网红一样的影响力，而且他们更有官方认证的效果。

2.广告传单的另类投放。发放的传单对于如今的人来说就是一张废纸，那么废纸一样的广告单在什么时候有用呢？给大家推荐两种方法。第一种就是很多上班一族每天在订外卖盒饭的时候，会找一张废纸来垫桌子，避免汤汁乱滴，那么这个时候你的广告单就派上用场了。会不会有人看？你觉得你在找废纸的时候要不要看看这张废纸是否有用，你收到这样的废纸传单在吃饭前是否要确认一下上面的信息，那么在节日前的外卖盒饭中有这样的鲜花订购信息，是否会引起你的关注呢？我想一定会比一般性地广告投递更有目标性。第二种方法，当在公共厕所方便的时候，你是否会觉得单间里的门比较空荡呢？如果你的广告在这个时候出现，不用多久，10秒钟就足够让顾客关注你的广告了，从而产生的广告信息传递就可以简单直接地传达。当然还有很多种方法来传递这样一张传单，只要是大家在需要废纸的时候提供这样一张废纸广告，那么你的这条广告信息就算达成了。

3.报纸上的新闻广告。作为传统纸媒，虽然已经逐渐退出市场了，但是用号外新闻广告形态的报纸依然会引起大家的注意。只要制造跟节日或产品有关的新闻性，我们就可以通过这种传统广告引起别人的关注。大家关注后，是否保留这份报纸，取决于上面的内容，别光想着打广告，里面可以加入一些流行性的名人说，或者知识性的小文章，再带些图片漫画、笑话、"鸡汤"段子，最好再有一些预测或专家说，那么这样的报纸被保留下来的概率就比较大。利用这种新闻为主、杂文为辅的软广告植入，相信很多人会记得你的花店，花店自然也就会有大量订单。

4.社区的定点覆盖。现在的人都比较懒，基本很多人都会在各自的小区里进行活动，而想让花店进入到社区进行广告宣传基本比较难。但是有一种方式却很简单，就是利用鲜花自动售卖机，在各个社区中进行投放，每天对其进行维护和产品更新就好。一般情况下一个人一天可以维护20台鲜花自动售卖机，每台售卖机都可以至少得到500人关注，从而哪怕只有少量的订单，对于花店来说都是一种渠道和广告产生的最好收益。

5.花卉知识的传播手册。花店可以免费为周边住户提供一份可阅读的刊物，里面介绍各种花卉应季的养护方法、小窍门，还有各种鲜花教学视频，以及花卉故事，而在刊物中穿插你花店的广告，每个季度发行一次。周边的客户人群应该会对你的专业刊物比较有兴趣，因为可以帮他们解决养护鲜花和闲暇读物的需求，尤其是里面有针对孩子和老人的内容，哪怕顾客只是保留一段时间，只要大家习惯了这种刊物，相信很多人还是会优先选择找我们的花店来预订鲜花。

在线下的信息传播中，没有过时的传播媒介，我们缺的只是传播方法及特色内容而已。信息战主要是通过利用他人空闲时间、需求项目、可阅读性来做到信息的有效传播，不管你做不做，至少我做了，效果还不错。

13

花店的工作计划与执行安排

每月工作结点

当你开了一家花店以后，你会发现每天的生活都很无聊，天天给花换水、剪根和护理，每天绝大多数时间都是在等待顾客中度过，虽然自己做了很多线上线下的推广，但是效果都不是很好，而每天看着其他同行在各种忙碌做花艺秀图的时候，自己总是想不出要做什么。

其实开花店每天都会很忙，除了日常的工作，我们也要学会去捕捉噱头来为自己的花店宣传，当你不知道如何去捕捉噱头的时候，不如学学如何利用节假日来做自己的营销。

举个例子，问到 5 月份都有哪些节日，我想你会马上说 5 月有母亲节、520 网络情人节、五一劳动节。其实 5 月还有五四青年节、5 月 8 日世界微笑日、5 月 12 日国际护士节、5 月 15 日国际家庭日、5 月 30 日世界运动纪念日、5 月 31 日世界无烟日。我想你一定会问这些节日跟花店有什么关系，这些节日大家又不买花。是的，单纯从节日来说顾客不会直接购买鲜花，但是这些节日是我们最好的营销理由，比如说五四青年节，对于已经工作的人群也许不会关注这个节日，但是我们完全可以利用这个节日搞几个小作品来做宣传，增加自己品牌的曝光度。比如为了纪念五四运动的花艺设计，比如和学校搞个青年节的正能量慰问或比赛类的活动，比如在互联网上搞五四青年节的各种秀，总之就是利用这一天由你的花店主办或协办，甚至是制造话题来进行宣传，这样的宣传只是让顾客对你花店品牌的印象加深，不需要很多钱，但是却很容易影响一部分群体和个人。

在世界微笑日这天，鲜花的微笑、花艺作品的微笑、花艺师的微笑，都是对自己品牌的一次宣传。在不同时间段对应发布不同的主题，就一个理由：曝光自己的花店品牌。

国际护士节

这一天也许护士不会买花，但是会有很多在医院住院的病人买花，原因很简单，谁不想和医生护士搞好关系，优先给自己一些特殊待遇。送礼人家不会收，过节送束花，在病人家属心里，这就是最好的公关。当然也可以提前联系医院，开办一些针对护士的鲜花订单或者花艺培训。

国际家庭日

你是一个爱家的人吗？谁是家里最伟大的人，妈妈和老婆，因为她们都在为家庭无私地奉献，一个是默默地支持，那么这一天你不要送束花吗？随手的鲜花礼，就是对这些有家的男人最大的营销攻略，花太多钱没必要，因为马上就有母亲节和"520"。但是随手的一份鲜花礼就换得最爱的人开心，而且只是自己少买包烟的事情，所以市场会存在，只是在等待你的开发。

世界运动日

对于花店来说，这只是个平常的日子，但对于健身房来说这一天可以说是一个重要的日子，那么为什么不和他们联合搞宣传或者联系他们是否有鲜花业务的需求。当然在联系业务前，要为他们设计好一个或几个适合他们做宣传引流的商品，这样在洽谈中就会更容易成交。

世界无烟日

不抽烟做什么？买盆花回去养一养，做个爱家、爱生活的好男人。让鲜花、绿植来净化我们的空气环境。什么才是最适合吸收尼古丁的花卉？什么才是家里改善环境的花卉？什么才是好养的花卉？解决这三个问题，就会引起大家的关注与消费。

其实每一个月里都有很多的节日和节气，把适合做销售的节日整理出来，做出对应的产品用来引流销售，而对于一些无关紧要的节日拿来做个推广噱头，我们时时刻刻都要有意识地去找适合花店品牌曝光的手段。如果你经常在别人面前曝光你的品牌，即便初期没有需要，不消费都可以，因为只要一个品牌频繁出现在消费者眼前，消费者就会记住这个品牌，把这个品牌留存在自己的潜意识里，当有一天真的需要时，他就可能优先想到你的品牌。在这方面最成功的就是脑白金了，一个很普通的营养保健品，就是通过大量的品牌曝光、广告植入，在当时让很多人需要购买保健品时，第一时间就想到这个品牌，并选择了这个品牌。所以说我们要利用好每一个节假日，无论是直接还是间接地去宣传我们自己的花店品牌，让更多的潜在客户记住我们就可以，这样花店的生意才会越来越好！

婚礼业务的筹备

很多花店的主要业务都有婚礼花艺方面，这个业务对于新手来说存在着很多的问题，而出外去学习，不是婚礼公司只教策划就是花艺公司只教技术，而具体的执行经验在婚礼现场中又很难学全。接下来我们就来说说婚礼业务对于一家花店该如何筹备。

笔者从事婚礼花艺工作已经有 20 多年，遇到了很多问题，也吃过很多亏，但每一次都会把问题记录下来然后分析形成一套婚礼业务的操作流程。希望新手们在学习的时候也能自己多多总结，把"细节决定成败"这句话真正地坚持落实下去。

我们先从婚礼的筹备工作开始说起。婚礼筹备工作的第一项就是核对订单，无论是跟新人，还是跟策划师，首先要对婚礼的每一项布置项目进行确认。

特别要注意的是：

1. 确认婚礼的色系搭配，在这个环节中最好用已经有的色彩搭配图片来说明，或者是把具体的颜色搭配罗列出对应的花材来，这样防止有色彩上的误差，而且对同一种颜色的多种明度要确认清楚。

2. 要知道婚礼的主题，这样方便设计对应的装饰品以及婚礼道具。

3.新娘喜爱的花材有哪些，这些特别的花往往是最核心的装饰花材。

4.新人禁忌的花材有哪些，有些人不喜欢某些常规花材，有些人对花粉过敏，这些都要特别标注，以免造成一些不必要的伤害。

5.清楚婚礼的布置项目及数量，这里要对所有项目的参考图与设计图都心中有数，这样才可以做出符合客户要求的花艺作品。

6.对现场的重点布置项目要提前确认，这样可以合理分配花材与布置重心。

7.要实地考察现场环境，确认整体的现场色系，包含桌面颜色、灯光颜色。确认现场的工作场地，确认现场的进货通道位置并要确认通道尺寸，确认现场的垃圾处理问题，确认现场的温度（白天和黑夜的温差），防止鲜花脱水，同时做好应对准备工作。

8.确认布置时间以及入场时间，方便花店对相关人员的安排。

9.确认各种道具及装饰品的责任负责人，是道具公司准备，还是婚礼公司准备，又或者是花店工作准备。

10.最重要的一项就是确认所有花艺费用以及结账时间。

以上 10 项就是在接单婚礼布置的时候必须要确认的项目，要在项目确认完成后，才开始准备花材及道具。花店在准备所有材料的时候，要填写好一份花艺执行单，下面是我设计的表格：

婚礼花艺执行单									
婚礼日期			婚礼策划师	电话	花艺负责人	电话	花艺助理	电话
婚礼酒店			新郎新娘	电话	花艺小工负责人	电话	花艺师	电话
酒店地址					店负责人	电话	配送人员	电话

续表

进入酒店具体位置地图								
婚礼主题			婚礼主色调		婚礼色调参考图			
婚礼布置项目	项目描述	参考图片	数量	单位	规格	相识度	花材密度	特殊要求
手捧花					具体尺寸长宽高，进深	与图片相似度要求	花与叶材比例	
胸花	伴郎伴娘数量，手腕花，胸条				具体尺寸长宽高，进深	与图片相似度要求	花与叶材比例	
花车	布置时间与要求				具体尺寸长宽高，进深	与图片相似度要求	花与叶材比例	
迎宾区	架子材质类型				具体尺寸长宽高，进深	与图片相似度要求	花与叶材比例	
甜品区	花艺需要配合装饰				具体尺寸长宽高，进深	与图片相似度要求	花与叶材比例	
合影区	是否有高空作业				具体尺寸长宽高，进深	与图片相似度要求	花与叶材比例	
照片展示区					具体尺寸长宽高，进深	与图片相似度要求	花与叶材比例	
签到区					具体尺寸长宽高，进深	与图片相似度要求	花与叶材比例	
宴会厅入口	区域布置花艺还是门把手花				具体尺寸长宽高，进深	与图片相似度要求	花与叶材比例	
花门					具体尺寸长宽高，进深	与图片相似度要求	花与叶材比例	
花亭	是否带幔				具体尺寸长宽高，进深	与图片相似度要求	花与叶材比例	

续表

路引	道具类别与尺寸，颜色			具体尺寸长宽高，进深	与图片相似度要求	花与叶材比例	
主桌花	如西餐桌的尺寸			具体尺寸长宽高，进深	与图片相似度要求	花与叶材比例	
客桌花	道具类别与尺寸，颜色			具体尺寸长宽高，进深	与图片相似度要求	花与叶材比例	
仪式台装饰	交杯酒，蛋糕刀，话筒话，细节花			具体尺寸长宽高，进深	与图片相似度要求	花与叶材比例	
舞台背景装饰花	具体细节要求			具体尺寸长宽高，进深	与图片相似度要求	花与叶材比例	
舞台仪式中的道具用花	如：献父母花，新娘头花			具体尺寸长宽高，进深	与图片相似度要求	花与叶材比例	
宴会厅顶部装饰	高度多少，架子谁出，固定方式			具体尺寸长宽高，进深	与图片相似度要求	花与叶材比例	
椅背花				具体尺寸长宽高，进深	与图片相似度要求	花与叶材比例	
细节花	口布花，桌卡花，席位卡花等			具体尺寸长宽高，进深	与图片相似度要求	花与叶材比例	
	戒枕，花瓣篮，话筒花			具体尺寸长宽高，进深	与图片相似度要求	花与叶材比例	
备注特殊							
策划师确认		花艺负责人确认	花艺师确认		新郎或新娘确认		

　　根据这个表格，我们要把所有项目的具体要求写清楚，这样花艺师在执行的时候就可以根据这些要求轻松制作相关的花艺作品。也要把所有负责人的电话填写清楚，

方便大家随时联络。另外要把所要的花材按照每项作品的具体用量填写清楚，方便到现场根据工作来分配花材，当然也要把具体使用多少花泥，用什么工具，以及用什么装饰品。工具容易达成目的都要写清楚，这样每项工作所用的材料及工具都可以责任到人，防止在现场有丢失物品的现象。每一项工作在做完后都要对成品进行检查，对工具及剩余材料进行确认整理，这样就能让自己在现场减少损失。我以前在做婚礼布置的时候，一年有 200 多场婚礼布置的制作，而一年统计丢失剪刀 700 多把、打刺器 200 多把、马丁枪 80 多把、花泥刀 10 多把。透明胶带一年消耗有 8 箱之多，其中浪费的估计一半以上，所以作者深刻地体会到一旦你的工作责任没有具体落实时，你的无形和有形损失就会非常巨大。为此我在之后的婚礼布置中都采用婚礼执行订单责任到人，每一个标准配备围裙、腰带、插花剪刀、插花刀、喷壶、矿泉水、胶带，每样一份，然后再备上其他所需材料，这之后几乎就没有什么损失了。当我们的所有执行细节落实责任到人后，就可以安排具体的婚礼布置工作流程了。

婚礼业务流程

首先是婚礼的鲜花进货时间，建议提前两天到货，这样可以有一天时间用来对所有花材进行整理与养护，让鲜花吸饱水，以最佳的状态进入到婚礼现场中；如果货品有问题，也有充裕的时间进行临时的货源调配。

其次，我们准备道具及装饰品要越早越好，提前封箱避免临时查找或制作的时候出现意外状况。

第三点，在整理鲜花的时候，要对所有项目的工作人员进行工作内容的确认，这样就可以让大家先熟悉工作，以便在现场操作时第一时间进入状态。

第四点，提前准备好运输车辆以及水、食物、药品等相关物品，如果赶上夜场需要通宵工作的时候最好准备好电热水壶和泡面；如果赶上连续几天有相关工作，建议提前预订好邻近的酒店住宿，这样大家有足够的时间可以休息，第二天好连续工作，而且有突发情况时，大家在一起也方便解决问题。当所有准备工作做好后，我们在婚礼现场就可以轻松有效地完成自己的工作内容。

婚礼业务现场制作流程

1. 入场前，要先到指定的工作区域进行地面的防护处理，无论是酒店内，还是草坪上，都要对地面进行保护处理，比如铺上喷绘布或编织布，避免花材或容器对地面的损伤。

2. 入场时，优先让已经完成的花艺作品进场或花材优先入场，这样入场后如果有顾客，可以第一时间看到花艺产品，也可以让花艺助理第一时间对花材进行分类摆放。

3. 当所有材料入场后，花艺师需要对所有细节花艺作品如胸花、酒杯花等细节小花优先制作，这样可以在精力充沛的情况下，对这些细节产品做到优质制作，因为这些细节的小花是很多人第一眼或长时间关注的花艺。

4. 当花艺师在制作这些小花的时候，花艺助理需要对花器和道具进行清洁处理。

5. 花艺助理需浸泡花泥，组装道具，当所有花艺师制作完细节花艺后，就可以连贯工作，避免不必要的时间浪费。

6. 在制作花艺产品时优先制作顶部花艺，这样可以配合灯光或道具来完成布置和体现效果。

7. 如果不需要顶部花艺的装饰，那么就要优先制作宴会厅外的花艺作品，如签到台、合影区等位置的花艺。

8. 对于最大型的花艺作品来说，要放到最后来制作，这样从人力或是时间分配上，以及从产品保鲜上来说都是最适合的时间安排。

9. 对已经做完的花艺作品要安排新人或策划师进行确认，确认后由花艺助理对花艺作品进行鲜花保鲜处理。

10. 花艺师在制作插花时，花艺助理除了给花艺师做花艺插花辅助工作，也要同步完成对装饰品的挂放同步完成。

11. 所有花艺作品制作完成后要安排新人或策划师对产品的完成效果及数量进行确认，防止有遗漏或及时发现需要改进布置的地方。

12. 最后，由花艺助理对垃圾进行清理，并整理剩余花材和道具，防止丢失与浪费。

13. 待婚礼结束后，花艺助理要优先对装饰品及道具进行整理，防止丢失。

14. 在经过新人或策划师确认后，才可以进入宴会厅内部进行全面撤场。

15. 撤场后回到花店要对所有物品进行分类入库，检查所有物品的完好情况。

16. 最后，要对这场婚礼的新人资料进行整理录入，对婚礼的现场相关物品进行整理入档。要知道花店不是只做一场婚礼，而是要做这对新人一辈子的花艺服务。

这样，婚礼的筹备和执行工作就完成了。大家可以根据这个操作步骤去对自己接到的婚礼订单进行操作，祝愿大家能高效完善地制作完成自己的婚礼订单项目。

花店的公关业务订单

对于一家花店来说，很多人都觉得首要的是把技术做好，然后多争取销售一些产品和联系一些关系客户。实际上对于任何一个企业来说，公关业务是不可缺少的一个环节，而很多人不清楚花店可以公关哪些订单，或者说都是想到了什么再去做，这些经营思路往往限制了花店的发展。

你了解你的公关对象吗？

1 婚庆公司

婚庆公司绝对是当下花店最多公关的对象，因为所有人都清楚婚礼需要的花艺订单是很多的。但是这一块随着套餐婚礼的落寞，现在更多的是定制婚礼，所以在竞争这块订单的时候就需要有足够的技术做支撑，其次就是品牌影响力，最后才是价格。

2 银行电信等大型服务企业

这一类大型公司内部用花量其实非常大，同时他们对客户的用花也会很多，而且涉及鲜花、绿植、景观设计、室内软装等类型，只要你争取到其中一块就会有很大收益。

3 广告活动公司

这类公司的各种活动业务非常多，鲜花布置是他们的一块很重要的需求，要知道能请来广告活动公司的企业本身实力就很强，而且他们对时尚效果要求也都有很高的标准，产品发布、促销活动、晚宴酒会、橱窗店面设计等业务都会和花店有很多的交集，尤其是女性品牌，需要用到鲜花的设计在最近几年里也越发多了。

4 展览展示公司

国内很多城市都时常会举办各种类型的展览，包括书画展、产品展、车展等，其中对绿植租赁、景观设计、鲜花布置都有一定的需求，这也是花店可以长期合作的单位。

5 装修装饰公司

这类公司最多的业务就是开业用花和室内软装，对于这类公司的公关，可以接到绿植租赁和后期的鲜花服务等业务。

6 物业公司

无论是社区物业还是大厦物业，对于鲜花和绿植的需求都是不可或缺的，其中也有很多其他的商机可以发掘。

7 服务销售类的网络公司

无论是自媒体还是线上商城，抑或信息平台，这些互联网公司都可以直接或间接地给我们增加品牌曝光度和产品订单。

8 线下各类实体营业店铺

卖车的、卖房的、卖衣服的、美容院、餐厅等，都是我们花店的业务客户，甚至一些夫妻店铺都可以与我们开展合作。但在这些店铺里，要优先选择比我们品牌影响力大的单位进行合作。

实际上，在花店的业务领域只要你掌握的技术越熟练，技术种类越多，你涉及的各行各业的各种订单业务都会产生。无论是红白喜事，还是草根富豪，都会跟我们的花店有接触性业务产生，而你要做的就是去争取这些店外订单。

如何提高花店的公关业务订单？

关于什么是公关业务，在这里不再赘述了，我们可以简单地理解为发展花店的店外业务能力。

对于花店的公关其实很多时候都是靠老板本人或者合作伙伴来完成的，很少有花店专门招聘这类人员，主要是因为薪水这道门槛。其实一个具备很强开源能力的人，他能创造的价值远远多于他的薪金。

花店要想进行公关业务，首先要做方案，这个方案一定有创意，大家都知道婚礼有花艺订单，都知道大公司有花卉需求，那么你的一个常规方案就很难打动对方。因此首先要在方案上体现创意，合作只是乙方来获取甲方订单的一种婉转说辞，直白地说就是如何从客户身上建立赚钱渠道，那么最大的挑战就是如何让顾客看见你的方案时眼前一亮。在方案首页设计上有两个选择：一是国际范的极简设计，大家默认的一种高品质方案的开门砖；二是利用问题或直白的方式直接点明利益的核心。作为一名职业人员，工作时间是很紧凑的，不会愿意浪费时间去看唯美的大篇幅开篇画面；要用最简洁的方式来说明你的合作特点与共赢点，在原有的产品系列里你最大的核心特点是什么；你要用分解价格的方式，让顾客觉得你的价格不贵，切忌不要直接报总价，无论你有多便宜，顾客都会对你的价格产生抵触，要么因为太贵而产生犹豫，要么因为太便宜而产生怀疑，如果价格合适，那么顾客一定会想在这个报价中如何降低成本，所以方案报价中要有循序渐进的过程；当顾客确认你的方案设计和报价后，要阐明你的品牌实力与经典案例，甚至可以增加一些增值服务，这样可以提升顾客对你的满意度。

方案设计好后，还需要有很好的表现能力，从衣着打扮到言谈举止，都是需要特别注意的。从事业务洽谈就要有对应的形象与语言，对于这方面不太自信的花店老板，建议寻找他人合作来帮你完成，而不要轻易自己去挑战这种难度，否则很容易出现尴尬场景，会让人觉得你对这个业务不自信。当然你也可以平时多练习，找一些小的实体店来训练自己的交际口才。对于这方面我给大家一个简单的提醒，与陌生人交流七分靠拍马，八分靠吹牛，九分靠努力，十分要真诚。"拍马屁"在交际中不是贬义词，而是一种赞扬他人的交际手段。吹牛不是去显摆，而是把自己的能力或产品做出一些适当的夸张说明，以增加大家对你的信任度。即便你说错了也没关系，大家只是听一听，没什么不好意思的。当然如果受到拒绝，也不要因为一次的拒绝而放弃，很多时候感情是需要长期培养和努力争取才能得到的。顾客也一样，所有人都喜欢有韧性、坚持不懈的人，只要巧妙地学会不断地去争取，自然而然就会赢得顾客好感。十分的真诚，无论你说什么做什么，真诚是可以感受到的，也许这一次没有谈成业务，但只要真诚打动对方，时间久了就依然可以争取到这个顾客。赢得交易只是一次的买卖，赢得人心才是一辈子的生意。

通过公关的表现能力，当你赢得订单时，要记得这只是刚刚开始，很多大企业或个体都是先用小订单来尝试合作，所以在后期的落地执行还有后期服务维护上，更要加倍用心，这样才不会让你的付出有所遗憾。在订单执行方面，大家可以看一看前文关于执行流程的文章，无论你接到什么样子的订单，设计、分解、委派、准备、执行、完结，都要制定流程，也许初期你会觉得很累，但只要你坚持下去，你的团队就会很默契地配合你完成各种工作，尽可能多把失误扼杀在摇篮里。

花店有很多很多的业务，而业务本身往往就是人与人之间的沟通，我们经常遇见很多能力明明不如我们的人接到了大订单，不是因为你的技术不行，而是因为你的公关业务能力还很差。当然仅靠此文无法让你成为公关高手，但希望通过此文能告诉更多的花店老板，技术很重要，但更重要的是如何让你的技术获得更多的订单。

花店的节日计划流程

每一年都有很多相关主题的节假日,这些节日我们都要去营销,都要设计出各种好看的主题花艺作品,但并不是每一个节日我们都可以赚到自己满意的收益。那么我们就要问一问自己,对于节日的营销计划流程你是否做了,是否按照流程认真地做完了每一个步骤?

我们在营销前,对于一个节日要做一个计划时间表,以及对应的流程安排。不知道其他人具体是如何面对节日的,笔者曾经做过多家花店店长,在十多家花卉公司做过总监,接下来就把我的工作经验与大家分享一下。

首先在节假日前制定计划时间表,可以用倒推的方式来操作,我们拿 2 月 14 日情人节来举例,如果在 2 月 13 日中午 12:00 前停止接收网络订单,晚上 7:00 前停止接收线下订单。

2月12日

最后打一波广告推广,重点放在停止接单上。

2月11日

处理好提前接到的订单准备工作,对于标准化产品可以批量生产,同时做好产品存放冷库的准备。

2 月 10 日

确认货品是否全部到位，预计最后一波订单的订单量，并根据团队的制作能力限定订单量。

2 月 9 日

与各个渠道商确认情人节最后的订单量，并限制订单接收量，增加饥饿营销影响力。

2 月 4 日

提前 10 天的广告互动活动开展，为期一周，增加品牌曝光度，增加渠道曝光度，增加潜在订单收集。

2 月 1 日

开始为情人节做好倒计时的订单收集，同时与各个渠道商联系并推广互动活动及订单预订。

1 月 24 日

确认所有渠道商的宣传产品到位与线上平台的正常运营，对订单进行分类和材料准备。

1 月 14 日

开始储存可以长期存放的玫瑰，在未来一个月内周转存货玫瑰，保证玫瑰的新鲜，同时确定运营商、渠道商、经销商的合作协议。这一天也是宣传攻势的第一个时间点，要开始情人节的攻势宣传。

1 月 4 日

开始洽谈情人节产品的运营商与渠道商等，建立多渠道销售路径，同时对已成型的产品做出 500 种以上的宣传文案及宣传图片视频，并确认相关印刷品的完成情况。

12 月 26 日

对情人节产品进行最后的产品确认及产品推广方案，以及应对爆品和剩余品的应急预案。

12 月 14 日

针对情人节进行产品设计，按照设计流程完成整体的产品系列，同时针对情人节的营销计划、宣传计划、合作计划的各种文本建立，设计整个情人节的主题与特色捆绑产品。

以上就是针对情人节的计划时间表，每一个节日都要提前三个月来制定计划，并在未来的三个月内陆续实现各个计划的完成细节。当然在这个计划时间表里还有很多细节，我们可以任意拿出一个时间点来和大家做细化分析。

比如说 1 月 14 日这一天的时间计划安排，首先就是具体的时间细节，玫瑰存放的时间是 30 天，那么对于干储藏来说就是一个极限，在这个时间段内就要由有经验的花艺师来对这个任务做出细节的时间安排，制订每天如果出现意外的各种应急方案，以及在正常操作时，玫瑰的日常维护计划。

另外对于之前任务的时间正好也是一个时间节点，那么在这个时间里，我的对外公关业务员们联系确认了多少运营合作平台、多少家渠道销售商、多少家经销平台，这个时间里就要对这些数据进行统计和分类。当然如果你的花店只有三个人，这些就是老板自己要完成的事情了，比如跟美团的合作，跟大众点评的合作，跟自媒体平台的合作，跟社区网站合作，跟美容院公众号的合作等。这些合作平台的各种合作需求与资源分配，就要在这一天里进行详细的统计，而对于一些线下渠道商来说，就是利益分配的捆绑比例统计。还有接收订单的流程安排，比如说返点 10% 的商家有哪些，返点 20% 的商家有哪些，电话转单、微信转单、网络平台转单分别是哪几家。然后是，对于经销平台有多少，需要布置的内容有多少，需要临时雇用的销售人员有多少，需要配送运输的平台有多少。最后就是对这些经销平台的产品预估销售量，计算所有平台具体的销售展示空间，把具体的投资费用计算清楚，对于整个时间节点我们需要用的人员、物品、资金都需要多少？这个节点未完成的业务和工作有哪些，是否需要支持或帮助，是否需要继续，这些都要做出最终决定。

看似只有老板很忙，其实员工也会很忙，因为往往从 1 月 14 日开始，春节、情人节的各种宣传攻势就要开始了，负责网络宣传的人就要在第一个宣传节点开始进行宣传，其他员工需要在完成店内日常工作的同时，通过店内的人才储备库联系所需要的各种人才、车辆，以及合作供应商。花店里的每一个人都要有各自的执行工作和责任安排。

对于整个计划书和计划细节流程都需要根据自己花店里的人员米安排，当然如果你的花店很小，就可以找你的家人、你的好友、你的兼职团队来帮助你，只要你能把所有的工作都做到有序的安排，相信有收益时，你也不会去亏待每一个人。

如果你的花店是刚开业的新花店，建议不要去赚情人节的钱，而应该考虑如何通过情人节建立起自己花店的品牌及口碑，如何通过情人节来为自己引流更多的客户关注，如何能够捆绑住更多的顾客，这才是新店要做的，毕竟一个情人节对于很多花店来说，很难暴富，但却是最好的品牌曝光时刻及口碑营销时刻。花店的生意是无法靠一天建立的，而是要靠日常的每一天都有人来认可你，信任你才可以，希望大家能有效地利用好一年中的每一个节假日。

祝愿大家在今后的节日中能够赚到大钱，也希望大家能够重视花店的节假日计划流程。如果没有准备，没有安排，你的员工就没有头绪展开工作。

14／花店如何解决资金缺口问题

短期解决资金缺口问题

很多人都想开一家漂亮的花店，而且也很用心地经营了。但是当每个月结算盈亏的时候就会发现，各种成本支出非常高，收益却是寥寥无几。虽然一家花店不是很大，投资也不是很多，但是任何一家花店都具备所有公司的应有特征，各种人事建立，各种推广支出，各种原材料储备，各种日常损耗等，都会让老板陷入一个持续亏损的现象。

对于花店经营的成本来说
很多人想到的第一点就是节流，那么花店有哪些可以节流的呢？

1 采购配送的物流成本

花店采购是每天采购，还是一周采购，或是由供应商配送到店呢？每一次采购的时间成本、车辆使用成本都会增加你的开支，所以要在采购频率和方式方面有所改进。另外就是配送成本，如果没有特殊产品，最好控制花店自己配送的成本；如果找第三方配送，一束鲜花至少要20元，按照每天至少销售三束花来计算，一年至少要1000个订单，那么你用这个订单量来和第三方谈长期配送合作，就可以获得比较优惠的配送费，这样可以帮你节约一部分资金。

2 员工成本

大企业遇到经济不景气时，必然要用裁员的方式来控制成本，而花店一般只有三四个员工，我们就要让员工学会开源。每一个员工每天都在开源中获得奖金，那么你的人员成本就会降低，甚至可以说你的每一个员工都是盈利单元。

3 多品种多产品的制造成本

花店花艺创作是需要灵感与运气的事，并不是每一次创作都会有最好的表现效果，于是就会产生各种材料浪费。所以要保留花店的经典款，减少产品创作的不必要浪费，控制多品种的使用，这样既能做好产品又可以节约材料成本。

4 工具及包装辅材的日常损耗成本

对于使用过的工具和包装材料，要做到及时归位，并对剩余材料进行充分的利用，哪怕一张只有 10 厘米的边角包装纸，如果你利用其做个简单的小纸鹤，也会在你包装和设计中得到加分。

5 压缩库存成本

花店的库房存放的东西越多，所占用的资金也就越多。库房租金成本和存放的物品都是每天在消耗的，可以利用周末或节假日优先清理库房存货，让自己的资金流流动起来，哪怕是赔钱销售，也不要让你的库房堆满，毕竟对于很多花店从业人员来说，花店资金流不是很充裕。

6 广告推广成本

我们都知道打广告肯定有效果，只是不知道支出与收益成正比的广告该如何打，那么为什么不优先通过免费的广告平台推广自己呢？当你在免费的广告平台火爆起来，再通过收费的广告平台加大影响和引流不是更好吗？

以上给大家说明了 6 种花店经营节流的方式，花店如果产生资金缺口，我们其实还可以通过银行抵押的形式来进行大笔资金的套现，而我们通过银行抵押贷款的时候，只要你的房屋是大产权就可以轻松贷款出来，银行 10 年的贷款利率是 7.83%～8.613%。

**一般情况下，3 年 以 下 的 房 子 可 以 贷 款 的 金 额 为 现
在 房 屋 评 估 价 的 70％**

**3 ～ 5 年 的 可 以 贷 款 的 金 额 为 房 屋 评 估 价 的 60％
5 ～ 10 年 的 可 以 贷 款 的 金 额 为 房 屋 评 估 价 的 50％
10 ～ 15 年 的 可 以 贷 款 的 金 额 为 房 屋 评 估 价 的 40％**

从银行贷款后你每个月只需要还款几千块钱，作为一个花店的经营者，当你认为花店可以发展起来，而只是缺少资金的时候，利用银行贷款就会很方便。

现在还有很多金融机构如借款 App 等软件，对于几万元的小额贷款来说利息非常低，足以支持我们花店的日常发展。各大银行还有保险公司都有创业贷款，月利率为 0.45％ ～ 0.6％ 不等，如果是发展过程中缺少资金都可以用这种方法来获得资金，这样比找投资人或风投公司更方便。

要特别提醒大家，贷款创业其实并不会有太大压力，但要小心中介公司，里面有很多加大贷款的金额，且还有很多贷款陷阱，容易让你背负高额利息，如果你要贷款建议直接找银行或者在律师见证下进行，这样可以让自己安全放心地使用贷款资金。其实很多人贷款主要是创业初期的资金预算不准确，后期发展遇见瓶颈时造成资金链断裂，没有足够资金维持生意。只要你的发展属于良性循环，只要你的老顾客在逐渐增加，只要你的口碑是优质的，那么你就可以放心贷款，因为你有足够的实力来支付贷款费用，也可以让你的花店发展速度变快。很多人都觉得找天使投资和风投公司比较好，其实这些投资对你的股权稀释比较厉害，而且有很多甚至可以一票否决你的创意行为，所以不建议初期找这些机构。稳步安全地经营好自己的花店，当自己的花店发展到有一定影响力的时候这些投资机构和投资人自会主动找你，那时你就有足够的优势去争取自己的利益了！

最后，老生常谈一句话，创业有风险，入市需谨慎；投资求回报，发展看机遇。

如何吸引天使投资人

现在很多人一旦手里有好的项目就想要找天使投资人来投资，甚至很多开花店的朋友也觉得找个投资可以降低风险，还可以让自己的花店发展得更快。但是创业的人员很多，找投资的竞争非常激烈，而且也不是任何一个人，凭着自己的想法和商业计划书就可以拉来投资的。对于一个天使投资人来说他们最看重的是什么？如何才能吸引天使投资呢？

1. 首先，你要清楚花店项目是一个小众项目，在找投资人的时候，要先选择相对应领域的天使投资人或投资机构。

2. 其次，你要明确什么经营模式的花店可吸引投资，简单地说就是在你花店经营中都有哪些异业合作可以通过城市合伙人的模式横向发展自己的花店，以及在花店进行纵深发展中如何把从花农到顾客的整个渠道打深，从而形成一个纵向发展的花店类型，同时还要清楚地告诉投资人为什么要做这个花店的项目，为什么选择这样的发展模式。

3.你要做出一个漂亮的商业计划书,告诉投资人你这个花店为什么能够赚钱,主要分析现在的市场机会和市场痛点,并且要在企划书中说明你的这个花店项目可能有多大收益与最终收益结果,分析整个市场的体量,同时也要用详细的数据来证明,花店在经营一段时间内,你的投入和收入的相关数值。

4.我们要对花店做出一份长期的发展规划,向投资人证明整个市场的生命力,当然这也不是随口说出的大饼概念,而是要通过真实数据来证明市场的可发展性。

5.向投资人证明自己团队与技术的优势,你的花店与其他同行之间有什么不同,最大的核心竞争力在哪里。因为花店的单纯花束花篮制作没有什么技术壁垒,所以要从自己的其他方面找优势才是重点核心体现。一定要告诉投资人你的花店现在做到了什么,将来要做到什么样子,以及如何证明你能做到。关于团队要介绍所有花店人员的经历、背景、学历,以及融资后的战略第一步,这样可以清楚地让投资人去衡量我们的团队价值。

6.我们要拿出一份投资的数据分析,你需要多少钱,这些钱是否能够实现你的目标。这也是投资人关心的投资成本问题。第一次融资后,我们花店后期是否还需要更多的融资,第一笔融资会使用多久,产生什么样的效益,都需要一一说明。

7.定位花店的客户群体,以及商品,进行有效的目标锁定,并用数据分析在之前的经营中,定位的客户对产品的需求。

8.在与天使投资人见面的时候,大家自然都会很注意形象,但是还要注意的就是自己的自信心,碰到任何问题,都不要急于回答,而是要搞清楚问题本身,然后用最自信的方式去解答这个问题，这样既能显得自己沉稳，又能证明自己做这个花店项目的信心。

9.让天使投资人或投资机构参与或体验你的花店项目产品，当他们感受了你从接单到最后结账的全部流程，就会客观地对你的投资做出一个有效分析。

希望你能从以上九点建议中学会如何吸引投资人，虽然不是每一次都能直接吸引投资人的，但是做好，做到，坚持去做，你就会被众多的投资人和投资机构所关注。最后祝愿大家能在自己的创业过程中找到自己的天使。

如何选择投资人

当你做出一份优秀的商业计划书，当你努力通过朋友圈、聚会、网络、投资公司找到了自己的投资人，而且遇见很多人都想投资你的时候，你要注意了，不是所有的投资人都适合投资你的花店，因为每一个投资人的目的是不一样的，有做理财投资的，有做短线投资的，有做长线投资的，等等。

对于我们花店来说，如果你想简单粗暴地快速赚钱，往往很难存活下去，因为花店是一种口碑和信任，以及服务和审美的产业，这种产业一旦快速扩张，很容易遇到人才短缺、各类产品质量不一、客户投诉过多、管理体系崩溃的现象，所以如果你想发展百年品牌的花店，建议你找能做长线投资的投资人。

教你几招分辨投资人的方法

1. 长线投资人一般都会有各种渠道，而短线投资人相对来说各种商业渠道就会比较少，毕竟他们的目的是赚钱，而不是在具体经营中实际持有股份。

2. 可以在网络上查找投资的理财记录，投资人所在的基金公司网上也可以查询历史的交易信息。

3.当投资人在给你做投资规划的时候，这种投资人多数都是做短线投资的，因为投资规划不是投资人来设计的，往往是经营者或经营者和投资人一起协商出来的。一旦有投资人给你做投资规划，只有两种可能：第一，这是一个善良的投资人；第二，这个投资人想在今后的投资过程中进行圈钱变现，从而实现短期投资的利益，降低自己的投资风险。

当然如果你花了很大精力才找到一个投资人，一看还是个做短线的投资人，你也不要着急拒绝，可以让他帮你分析一下你的商业计划书，帮你总结一下寻找投资人的经验，然后你再努努力，去正规的投资机构，那里会有足够多的投资经理人在等着你。记住你做的花店项目不是为了快速地去赚钱，而是要让你的花长期开在每一个家庭中。有梦想、肯拼搏的人才会是最后成功的人，不要让投机的人占据了投资人的位置。祝愿大家能找到自己未来之路上的天使。

融资后如何保留花店控制权

很多花店老板在融资后，担心失去对自己花店的控制权，尤其是见到 2018 年"小黄车事件"后，对很多小伙伴来说，自己辛苦开办的花店好不容易有了发展，不想被别人控制，也怕自己将来会被踢出这个项目。

我们不如学习一下阿里巴巴的经验，把花店的创始人团队组成合伙人形式，这样就避免了大股东对董事会的控制。因为合伙人制度是以多数董事提名投票决定决策权，而不是按照股东股份比例来决定及运营决策权。

我们还可以由花店创始人来发起一个表决权的协议，当遇见任何重大问题时，所有股东的表决权可以委托给核心创始人来统一实施。虽然这种做法有点集权化的意思，但也避免了各类股东参与经营的发生，简单地说就是你来负责发展，其他人出钱出力都可以，他们最后只有分红权，而没有表决权。

或者我们也可以拟定一种叫核心创始人否决权的协议，当公司遇见重大问题的时候，需要核心创始人来做最后决定，无论之前做出的结果如何，核心创始人有一票否决权，那么这样就可以保证核心创始人的安全性。当然这种一票否决权，也不要太多人都拥有，否则会让你的公司很难发展，因为毕竟在重大问题上经常会出现很多分歧，不要因为这种一票否决而影响花店的正常运营。

如果你已经找到了长线的投资人，一般情况下，只要你的花店业务属于正常发展，投资人不会去干涉你的整体运营业务，因为没有那工夫，而且也没必要。投资人在投资的时候虽然要严格去审核我们的商业计划书，但更多的是看我们自己本人，符合投资要求，投资给你后，就会对你有足够的信任，而这种控制权也自然属于你自己。

当你有一天真的遇见合适的投资人，并且涉及这种花店发展控制权问题的时候，投资人会给你更多的想法和建议，同时你也可以按照上面说的方法来找个律师，拟定一个相关协议就能解决这个问题。但是你一定要清楚，做生意要先小人后君子，把话提前说明白、说清楚，落实于文字才行，这种事情不伤感情和利益分配，若只有口头协商或承诺，则不具备任何法律依据，不符合你自己的个人利益。

后/记

　　这是一本从我个人经历中总结的个人经验，与大家一起分享，从你有想法开花店，到最后的这篇花店融资后的控制权，希望我的这本书能给你带来较大的帮助。很多女生都有一个花店的梦，但是在我以往的教学中，很多人都很难坚持到最后，而且很多女生都是用自己多年的积蓄或父母的钱来实践自己的这个梦想，梦想很美好，现实很残酷。在激烈的市场竞争环境中，我经历过无数次的失败与成功，现在总结出来给大家看，希望大家不要把太多的精力纠结于花艺技术，而把更多的精力放在管理运营上，放在销售推广和融资投资上。"不进则退"不单单是说做人，做花店也是一样的。

　　在此书中我们虽然讲到了很多问题与解决方法，但并不代表只有这一种解决方法，如果大家有时间，可以来上我的线下课程，我会在交流中给你解惑更多的问题。不是我不想都写在书中，主要是花店的问题千千万，每个人的性格不同，所在地区不同，花店开的位置不同，团队能力不同，也就有着各种各样的问题与矛盾。有意义的正常交流可以让我们彼此都发现各种解决问题的方式方法，花店经营中没有最完美的经营方法，只有你能掌握的和你能用好的才是最适合你的经营方法。

当你的花店进入正轨的时候，当你的花店发展到一定规模的时候，你也许就可以在下午的时光里，去插一盆自己满意的鲜花，听着美妙的音乐，欣赏花的同时，去感受诗文中的文艺气息。

最后，祝愿大家都能经营一家漂亮且赚钱的花店。

张迪

2021 年 10 月